Une histoire du Brésil

Pour comprendre le Brésil contemporain

Collection **Horizons Amériques Latines**
dirigée par Denis Rolland, Joëlle Chassin
Pierre Ragon et Idelette Muzart Fonseca dos Santos

Déjà parus

ABBAD Y LASIERRA I., Porto Rico, (1493-1778). *Histoire géographique, civile et naturelle de l'île*, 1989.
BALLESTEROS Rosas L., *La femme écrivain dans la société latino-américaine,* 1994.
GRUNBERG B., *Histoire de la conquête du Mexique*, 1996.
LECAILLON J.-F., *Résistances indiennes en Amériques*, 1989.
LECAILLON J.-F., *Napoléon III et le Mexique. Les illusions d'un grand dessein*, 1994.
MINAUDIER Jean-Pierre, *Histoire de la Colombie. De la conquête à nos jours*, 1996.
ROINAT C., *Romans et nouvelles hispano-américains. Guide des oeuvres et des auteurs*, 1992.
ROLLAND D. (ss la dir.), *Amérique Latine, Etat des lieux et entretiens*, 1997.
ROLLAND D. (dir.), *Les ONG françaises et l'Amérique Latine*, 1997.
SARGET M..-Noëlle, *Histoire du Chili de la conquête à nos jours*, 1996.
SEQUERA TAMAYO I., *Géographie économique du Venezuela*, 1997.
CAMUS Michel Christian, *L'Ile de la tortue au cœur de la flibuste caraïbe*, 1997.
ESCALONA Saul, *La Salsa, un phénomène socioculturel,* 1998.
CAPDEVILA Lauro, *La dictature de Trujillo*, 1998.
BOHORQUEZ-MORAN Carmen L., *Francisco de Miranda. Précurseur des Indépendances de l'Amérique latine,* 1998.
LANGUE Frédérique, *Histoire du Venezuela, de la conquête à nos jours*, 1998.
LE GOFF, Marcel, *Jorge Luis Borges : l'univers, la lettre et le secret*, 1999.
RIVELOIS Jean, *Drogue et pouvoir. Du Mexique des princes aux paradis des drogues,* 1999.
PROCÓPIO Argemiro, *L'Amazonie et la mondialisation. Essai d'écologie politique,* 2000.

Paulo Roberto de Almeida
avec Katia de Queirós Mattoso

UNE HISTOIRE DU BRÉSIL

Pour comprendre le Brésil contemporain

L'Harmattan
5-7, rue de l'École-Polytechnique
75005 Paris
FRANCE

L'Harmattan Hongrie
Hargita u. 3
1026 Budapest
HONGRIE

L'Harmattan Italia
Via Bava, 37
10214 Torino
ITALIE

Ce livre a été conçu et élaboré pour la première fois en 1994, par le service culturel de l'Ambassade du Brésil en tant qu'information destinée aux étudiants. Révisé et élargi pour cette nouvelle édition, il vise maintenant le public en général. Les opinions qui sont ici exposées n'engagent que les auteurs et ne représentent pas les positions du Gouvernement brésilien ni de son ministère des Relations Extérieures.

Couverture : Maira Palazzo de Almeida
Illustrations : Pierre Desceliers, Amérique du Sud, 1550 (détail) ;
« Météore » (union des cinq continents), Bruno Giorgi, 1967
Palais Itamaraty (ministère des Affaires étrangères), Brasília

ISBN : 2-7475-1453-6

SOMMAIRE

Avant-propos

Première partie
Brésil: cinq siècles d'histoire

1. 1500-1822 : le Brésil, colonie portugaise
2. 1822, l'indépendance brésilienne: un nouvel empire
3. 1889 : l'installation de la République
4. 1889-1930 : la Vieille République
5. 1930-1945 : le "gétulisme"
6. 1946-1964 : les tentatives de démocratisation
7. 1964-1984, le pouvoir militaire : du miracle économique à la récession

Deuxième partie
Le Brésil de 1985 à 2001:
Consolidation démocratique et stabilisation économique

8. Bilan d'une époque : les dernières années du siècle
9. La transition au régime civil : alliances et compromis
10. Tentatives de stabilisation économique et nouvelle Constitution
11. Une politique extérieure faite de continuité et de changements
12. Les premières élections directes en 30 ans : ascension et chute d'un président
13. La démocratie en marche et le défi de la stabilisation économique
14. Les deux administrations Fernando Henrique Cardoso : changement de paradigme
15. L'insertion internationale du Brésil : Mercosul et projets régionaux
16. La question sociale au Brésil au début du XXIe siècle

Chronologie de l'histoire du Brésil, 1494-2005
Relations économiques internationales du Brésil, 1500-2001
Orientations de lecture

Avant-Propos

Cet ouvrage a été à l'origine un texte (première partie de ce volume) déjà publié auparavant, écrit en 1989 par Katia de Queirós Mattoso, avec l'assistance de Antônio Fernando Guerreiro de Freitas, suivi d'un texte inédit, préparé spécialement pour la publication par celui qui signe ces lignes, alors exerçant des fonctions de Conseiller à l'Ambassade du Brésil à Paris.

Le travail des professeurs Mattoso et Freitas, historiens professionnels, avait été publié originalement dans la revue *Géopolitique* (Hiver 1989-1990) et l'autorisation de le reproduire dans une brochure de l'Ambassade du Brésil avait été aimablement accordée par Mme Marie-France Garaud, Présidente de l'Institut International de Géopolitique, remerciée ici pour sa bienveillance.

Ce qui était une simple brochure d'histoire du Brésil avait été conçue, en premier lieu, en vue de répondre aux besoins des étudiants des collèges et lycées français désirant une information concise sur le développement historique du Brésil. Elle n'avait donc d'autre objectif que celui d'être essentiellement didactique.

Pour la présente édition, le texte écrit à quatre mains par les professeurs Mattoso et Freitas a été maintenu tel quel, mais celui que je signe a été profondement remanié, non seulement pour le mettre à jour en ce qui concerne l'"histoire événementielle" récente, mais aussi pour tenir compte des profondes transformations que le Brésil a connu au cours des sept ans qui se sont écoulés depuis la première édition.

Paulo Roberto de Almeida
Washington, janvier 2002

Première partie

BRÉSIL :

CINQ SIÈCLES D'HISTOIRE

Katia de Queirós Mattoso
Professeur à l'Université de Paris-Sorbonne (Paris IV)
avec l'assistance de
Antônio Fernando Guerreiro de Freitas
Professeur adjoint à l'Université Fédérale de Bahia, Brésil

1. 1500-1822: le Brésil, colonie portugaise

La fondation d'un royaume portugais indépendant, en 1140, est directement issue des luttes de la "Reconquête" ibérique contre les Maures. Mais les deux royaumes de la Péninsule restaient unis par d'étroits liens de parenté entre leurs souverains.

Ce sont des navigateurs portugais qui occuperont Ceuta en Afrique du Nord dès 1415, puis Madère, les Açores, le Cap-Vert et, enfin, en 1488 avec Bartolomeu Dias, le Cap de Bonne-Espérance qui devait mener Vasco de Gama sur la route des Indes en 1498.

Mais, c'est l'Espagne qui a accepté le téméraire projet de Christophe Colomb d'atteindre les Indes par l'Atlantique: la découverte de l'Amérique, en 1492, pousse finalement Portugais et Espagnols à se partager un "nouveau monde" dont la carte exacte reste encore à dresser. Le Pape Alexandre VI, arbitre acceptable par les deux parties, fixe, en 1494, par le traité de Tordesilhas, le méridien qui devait séparer possessions espagnoles et possessions portugaises, si bien qu'une bonne moitié Est du Brésil actuel était portugaise bien avant sa découverte officielle au tout début du XVIe siècle.

La découverte du Brésil est due au navigateur Pedro Alvares Cabral, qui y aborda, dans la région de Porto Seguro, le 21 avril 1500. Dès l'année suivante, le roi du Portugal enverra une expédition reconnaître le nouveau pays. Il doit son nom au "bois brésil" qui fournissait une teinture rouge fort appréciée par les drapiers.

L'Espagne, en réalité, espérait bien refaire l'unité de la Péninsule Ibérique sous l'autorité d'un seul monarque. En 1580, Philippe II d'Espagne réussit à réaliser l'union – une union personnelle – entre les royaumes. Dès 1640, cependant, la noblesse portugaise, appuyée par la France toujours prête à mettre à mal les Habsbourg ennemis, se débarrassait définitivement d'une dynastie qu'elle trouvait tyrannique. Désormais, la famille de Bragance va régner sur le Portugal et sur le Brésil jusqu'à la proclamation de la République, qui, au Brésil, date de 1889 et, au Portugal, seulement de 1910.

De l'union monarchique luso-espagnole, l'administration portugaise a hérité un goût prononcé pour la bureaucratie, et les Brésiliens, eux, en hériteront une prédilection pour les métiers de la fonction publique.

Par ailleurs, comme cette union rendait caduc le traité de Tordesilhas, les colons portugais du royaume uni luso-hispanique s'étaient enfoncés vers l'intérieur des terres brésiliennes, toujours plus avant vers l'ouest, à la tête de leurs troupeaux et à la recherche de nouvelles richesses à exploiter.

Certes, au XVIIIe siècle, l'Espagne dominera près de la moitié ouest du continent américain, de la Californie à la Terre de Feu: mais le Brésil s'étend alors au-delà du méridien de Tordesilhas.

Dix-neuf pays occupent aujourd'hui les terres colonisées par les Espagnols, alors que l'Amérique portugaise a réussi, contre vents et marées, à maintenir uni un territoire grand comme dix-huit fois la France. Miracle que l'épopée coloniale de l'exploitation de la canne à sucre, relayée par celle de l'or et des diamants, relayée elle-même par celle du café et du caoutchouc (dont le Brésil sera en 1912 le premier producteur mondial), ainsi que l'installation d'un empire indépendant dans les années clefs du début du XIXe siècle, n'expliquent que superficiellement.

Car ce "miracle" est dû aussi, sans doute, à l'ancrage solide, à l'abri du système colonial, d'une société originale, appuyée sur un esprit associatif extrêmement développé et sur l'esclavage de cinq millions de Noirs amenés d'Afrique pour développer les richesses du pays.

Le petit Portugal d'à peu près un million et demi d'habitants pour ses 9.000 km^2 se trouvait, au XVIe siècle, à la tête d'un énorme empire qui, outre le Brésil, s'étendait aussi en Afrique, aux Indes, en Chine, au Japon.

Au Brésil, il rencontrait un monde vide: un million d'autochtones environ pour 8.500.000 km2: des autochtones semi-sédentaires, encore au stade de la cueillette, de la pêche et de la chasse, ne sachant cultiver que l'igname et le manioc, et que l'Église va protéger contre l'esclavage. Les Indiens aidèrent, certes, les premiers colons à exploiter le fameux bois brésil – qui aurait donné son nom au pays – en échange de pacotilles offertes par les navigateurs ancrés dans les baies des premiers comptoirs.

Mais ce n'est qu'avec l'intense développement de la culture de la canne à sucre et de la fabrication du sucre dans les *engenhos* (de engin: moulin à sucre) que va s'installer une véritable économie de production. Comme la main-d'œuvre indienne est absolument insuffisante, cette culture va entraîner l'adoption d'un système de travail forcé: l'esclavage des Noirs amenés d'Afrique avec tout ce que cela implique d'influences sur la mentalité des maîtres, des affranchis, ou des esclaves eux-mêmes.

Des échanges atlantiques triangulaires amènent d'Afrique des navires chargés d'esclaves qui s'échangent au Brésil contre le sucre. Celui-ci est vendu ensuite en Europe où les négriers embarquent alors fusils, tabac et quincaillerie que réclament les marchands d'esclaves africains.

Mais ce schéma traditionnel ne rend pas compte des multiples échanges directs entre le Brésil et l'Afrique. Grande est la faim de main d'œuvre des *engenhos* de la colonie où seuls les travailleurs qualifiés généralement blancs, sont salariés. Les autres, dans les champs, à l'atelier, dans la maison du maître ou menant barques et chevaux qui relient l'*engenho* au monde extérieur, sont des esclaves noirs.

En réalité, les profits de l'économie sucrière brésilienne enrichissent essentiellement les commerçants. Aux *senhores d'engenho*, le prestige et l'influence politique, mais aux commerçants portugais, anglais, hollandais, les bénéfices du commerce et des prêts. Les maîtres de moulins sont bien souvent obligés d'hypothéquer une récolte encore sur pied, et les latifundia du XVIIe siècle seront de plus en plus morcelés par le jeu des successions.

Pour un commerçant luso-brésilien, marier sa fille au fils

d'un maître de moulin, ou acquérir une exploitation sucrière, c'est monter dans l'échelle sociale et accéder à tous les pouvoirs économiques et administratifs. Artisans, boutiquiers, pêcheurs, forment alors une classe moyenne encore peu nombreuse, mais qui cherche à compenser sa pauvreté par tout un système de relations familiales, de recherche de protection auprès des puissants ou de fraternités religieuses encouragées par une Église très proche de ses ouailles.

Les esclaves, eux aussi, cherchent et trouvent ces mêmes solidarités. Ils ont leurs *irmandades* et leurs hiérarchies sociales. Ils réussissent à créer des cultes afro-brésiliens contre lesquels les autorités luttent sans grand succès. Il y a des esclaves partout, et en posséder un ou deux n'est même pas un signe d'aisance. Les différences sociales sont, certes, dues à la fortune, mais aussi à la couleur plus ou moins foncée de la peau et au statut juridique qui distingue homme libre, affranchi et esclave.

Les progrès rapides de la colonisation du Brésil et la manière dont elle a pu se développer sont la conséquence de l'expansion commerciale européenne, favorisant l'ouverture d'un marché mondial. Cette expansion exigeait la conjonction d'intérêts privés – ceux des marchands et des nobles – et d'intérêts publics – ceux de la monarchie et de l'Église. À l'époque, les relations entre la colonie et la métropole sont régies par le système de "l'exclusif colonial" qui réserve au Portugal l'exclusivité du commerce avec ses colonies: les activités économiques coloniales doivent être complémentaires de celles de la métropole.

Mais la mise en place de ce système colonial s'est faite dans une double dépendance: le Brésil dépend de sa métropole et le Portugal dépend, quant à lui, d'autres pays d'Europe occidentale: des Pays-Bas d'abord, de l'Angleterre ensuite, surtout à partir de 1640 et de l'installation des Bragance sur le trône portugais. Situation paradoxale, donc, que celle du petit Portugal à la tête d'un immense empire qui se trouve dans une position de subordination vis-à-vis de l'Europe occidentale, en raison d'un système économique fondé avant tout sur les échanges de marchandises.

Le sucre joue ici le rôle de l'argent au Mexique et au Pérou puisqu'il sert de monnaie d'échange pour l'achat de produits manufacturés. Rôle qu'il partage, d'ailleurs, avec le coton et surtout le tabac et, plus tard, entre 1670 et 1770, avec l'or et les diamants.

Certes, une agriculture de subsistance se développe en marge des grands domaines de production sucrière, et l'élevage progresse dans les vastes régions du Sertão brésilien. Mais, dans le système de "l'exclusif", les échanges métropole-colonie sont essentiellement marqués par le développement de productions de grande valeur par unité de volume ou de poids, destinées à l'exportation, et l'importation de produits alimentaires et manufacturés.

La création de manufactures est interdite au Brésil. Les importations du sel et du vin sont monopoles de la couronne portugaise. Il existe une véritable division du travail entre l'Europe et la colonie qui n'exerce aucun contrôle sur ses propres produits d'exportation.

Les Portugais ont eu un quasi-monopole de la production du sucre entre 1570 et 1670. À partir de la fin du XVIIe siècle, l'or et les diamants prennent la relève et deviennent la principale exportation de la colonie. Le système de travail dans les mines reste l'esclavage: 1.700.000 des quelque cinq millions de Noirs amenés du XVIe au XIX siècle au Brésil sont destinés à l'exploitation minière. L'économie brésilienne prend un caractère plus continental et, en 1763, la capitale est transférée de Salvador à Rio de Janeiro, plus proche du Minas.

La nécessité de ravitailler les populations minières fait naître des cultures vivrières, et l'élevage se développe sur les vastes étendues de l'intérieur du pays. De nouveaux circuits commerciaux s'établissent entre les régions minières et les capitaineries de São Paulo, Rio et Bahia.

Signe de rupture du pacte colonial et de l'exclusif, la contrebande, sous toutes ses formes, se développe entre les marchés anglais, portugais et brésilien, court-circuitant les réseaux officiels: la région espagnole du Rio de la Plata essaie, par exemple, d'introduire des mulets au Brésil, alors que leur commerce est interdit depuis 1716. Vaisselle, soieries, velours et autres produits de luxe parviennent directement à Bahia en provenance d'Extrême-Orient, et le trafic direct des esclaves et d'ivoire s'intensifie entre les ports africains et les ports brésiliens.

À travers ces marchés non métropolitains que sont l'Afrique, l'Extrême-Orient et l'Angleterre, des négociants établis au Brésil tirent des profits qui n'enrichissent plus nécessairement la métropole et permettent une accumulation interne de capitaux, d'où la fortune des commerçants brésiliens au XVIIIe siècle. Les brèches apportées dans le système de l'exclusif sont donc anciennes et bien rodées.

2. 1822, l'indépendance brésilienne: un nouvel empire

Parce qu'il est la principale base commerciale anglaise sur le continent et qu'il n'obéit pas au blocus continental, le Portugal est envahi par les armées françaises du général Junot le 30 novembre 1807. La famille royale s'enfuit au Brésil, accompagnée de 15.000 personnes. Le futur Jean VI (sa mère, la reine Marie la Folle, est encore vivante) décrète, dès le 28 janvier 1808, l'ouverture des ports brésiliens à "toutes les nations amies": c'est la fin, de facto, de l'exclusif portugais, fondement du pacte colonial. Mais la logique du système perdure: puisque le Portugal est occupé par les Français, il faut bien permettre au Brésil de commercer directement avec l'Angleterre. La dépendance vis-à-vis de celle-ci se renforcera d'ailleurs peu à peu par l'octroi de tarifs préférentiels.

L'installation du gouvernement portugais au Brésil entraîne une augmentation démesurée des dépenses de l'État, tenu de développer les services de l'administration locale et de créer de nouvelles institutions liées au secteur public: académie militaire, arsenaux, poudreries, bibliothèques, etc.

Au Portugal, la bourgeoisie commerçante, une fois débarrassée des Français, n'apprécie guère la perte du monopole de son commerce avec le Brésil. Elle n'est pas non plus disposée à recevoir des ordres de sa colonie d'outre-mer.

Les Cortès exigent en 1820 le retour de la famille royale au Portugal. Dom João VI, après quelques hésitations, y revient en 1821, laissant son fils, Dom Pedro, comme prince régent du Brésil.

Des représentants brésiliens sont élus députés à la Constituante de Lisbonne mais ne réussissent pas à s'opposer aux décrets de recolonisation votés par une Chambre en majorité favorable au monopole commercial portugais. Tous les courants émancipateurs brésiliens, des plus radicaux aux plus modérés, s'unissent alors pour convaincre le Régent de ne pas obéir à son père, qui lui commande de venir "parfaire son éducation au Portugal".

Le Portugal ne reconnaîtra qu'en 1825 une indépendance qui, de fait, existait depuis octobre 1822. Entre-temps, le gouvernement avait dû faire face à une véritable guerre civile: les résistances à l'indépendance du Brésil se manifestèrent surtout dans les provinces du Nord et du Nord-Est.

Ce serait un anachronisme, d'ailleurs, de juger le "Fico" (en français: "Je reste") de Dom Pedro, mythe fondateur d'un Brésil indépendant, à l'aune de sentiments nationalistes et patriotiques d'aujourd'hui. Ce sont les élites politiques et économiques du pays qui exerceront leur influence sur celui qui va devenir le premier empereur du Brésil.

En 1831, Dom Pedro I s'intéressera tellement aux problèmes de succession dynastique du Portugal qu'il décidera de retraverser l'Atlantique. Son abdication en faveur de son fils âgé de 5 ans, sa mort, en 1834, et le mini-coup d'État de 1840, qui mit fin à la Régence, ont permis à Dom Pedro II de monter sur le trône en authentique Brésilien et facilité certaines transitions nécessaires pour que puisse s'affirmer l'indépendance politique du nouvel Empire brésilien.

En cette première moitié du XIXe siècle, même à l'époque où se manifestent avec force les mouvements fédéralistes ou républicains, la majorité des Brésiliens demeure favorable à un gouvernement monarchique. S'inspirant des doctrines et des expériences européennes, la Charte constitutionnelle brésilienne de 1824 tient compte, aussi, des traditions juridiques luso-brésiliennes.

Le pouvoir "modérateur" est celui de l'Empereur qui assure l'exécutif par l'intermédiaire des ministres. Reste à déterminer les prérogatives qui sont laissées aux assemblées provinciales.

Finalement, vers 1840, avec Dom Pedro II, ce sont les principes centralisateurs qui finissent par l'emporter sur le fédéralisme. Le souverain va gouverner tantôt avec les conservateurs et l'appui du Conseil d'État et du Sénat dont les membres sont nommés par lui, tantôt avec l'opposition libérale d'une Chambre élue pour quatre ans au suffrage censitaire à deux tours. Le suffrage universel sera l'un des premiers cadeaux de la République en 1891.

Deux raisons expliquent une stabilité gouvernementale assez inattendue pour un pays sans expérience: le peu de différence dans la gestion des affaires entre le programme libéral et le programme conservateur et, surtout, le fait que le personnel politique se recrute toujours dans les mêmes catégories sociales, et presque toujours dans les mêmes familles.

Le mode d'élection privilégie d'ailleurs les classes possédantes, même si, parmi les citoyens actifs, se rencontrent, très nombreux, des représentants de tous les petits métiers de l'époque:

pêcheurs, rameurs, petits commerçants, petits fonctionnaires, laboureurs, tailleurs, barbiers, à côté de riches propriétaires, de prêtres, de juges ou d'officiers de l'armée ou de la Garde nationale.

Indépendance et relatif équilibre politique, donc, pour ce nouvel Empire brésilien, mais pour quelle indépendance économique ? Perte du monopole du commerce du sucre, faveurs douanières accordées aux Anglais, guerres intérieures contre les lusophiles hostiles à l'indépendance, guerre extérieure mal conduite et mal organisée, déclenchée en 1821 par l'annexion de l'Uruguay au Brésil, et qui aboutit en 1828 à la création de l'État tampon de l'Uruguay entre le Brésil et l'Argentine au grand dam des éleveurs *gauchos* du Sud brésilien, tout contribuait à déséquilibrer le budget de l'État.

D'ailleurs, les 5.539.200 livres sterling, empruntées au taux réel de 6,5 % entre 1823 et 1850 ne furent pas investies mais servirent à combler le déficit budgétaire. C'est le début d'une longue tradition brésilienne de dette extérieure. Sucre (pour 32 %), coton (pour 20 %), café (pour 19 %), cuirs et peaux (pour 14 %), représentent 84,6 % des exportations de cette période de vingt-sept ans.

Il faudra attendre le milieu du XIXe siècle pour que le café s'affirme comme le premier produit d'exportation, après le bois brésil, puis le sucre, puis l'or et les diamants. Le Brésil retrouve alors une production dominante dynamique. Avec la culture du café, qui se développe d'abord dans la vallée du Paraïba, dans la province de Rio, puis sur les riches terres de l'Ouest et du Sud pauliste, se confirme aussi le déplacement du centre économique du Brésil du nord-est vers le centre et le sud du pays.

En 1850, l'Angleterre réussit à imposer au Brésil l'abolition de la traite des esclaves. Bien sûr, les navires négriers continuent à importer en contrebande des captifs africains, mais de moins en moins, car l'endettement des seigneurs d'*engenho* les contraint à vendre leurs surplus aux entrepreneurs miniers du Minas ou aux planteurs de café du Sud.

Le Nord-Est sucrier, dont les palais et les églises chargées d'or révélaient l'opulence, commence à s'endormir dans la contemplation et l'autosatisfaction des richesses passées. La fonction publique devient bouée de sauvetage pour les grandes familles qui dilapident leur fortune pour tenir leur rang et entretenir tous leurs réseaux d'appuis et de services mutuels.

Mais, malgré l'extension de la culture du café et du coton, malgré la libération de capitaux qui, avec l'abolition de la traite des Noirs, ne s'investissent plus dans le trafic des esclaves, malgré le peuplement de nouvelles régions qui portent la population du Brésil de 3.550.000 habitants au début du siècle, à 12 millions vers 1890 et malgré, enfin, un certain développement des moyens de transport – chemin de fer, routes, navigations maritime et fluviale – le Brésil de la seconde moitié du XIXe reste un État essentiellement agricole.

On ne peut pas parler d'essor industriel dans un pays qui compte 54.000 ouvriers en 1889, où la production repose essentiellement sur la grande propriété et jusqu'à cette époque, sur l'utilisation d'une main-d'œuvre esclave, même si les États de Rio de Janeiro et de São Paulo commencent à attirer des colons salariés européens.

S'il n'y a plus de rébellions d'esclaves à partir des années 1850, dans le Nord-Est, des spasmes populaires secouent toujours un peu partout le Brésil, et des révoltes noires, sporadiquement, les États du Sud. De grands débats agitent le Parlement et la presse: séparation de l'Église et de l'État, abolition de l'esclavage, dépendance vis-à-vis de l'Angleterre, traditionalistes contre constitutionnalistes, rôle de l'armée de plus en plus politisée, surtout après la guerre qui oppose Brésiliens, Uruguayens et Argentins au Paraguay (1864-1870), sont les grands problèmes de l'époque. Mais seule une élite formée en grande partie dans les facultés de droit et de médecine est capable de les discuter.

Avec les années 1870, le Brésil entre dans une période de crise permanente. La crise est, d'abord et toujours, économique: le café, et aussi le cacao, qui fait sa première percée à cette époque dans l'État de Bahia, n'ont pas réussi à améliorer les performances économiques du pays.

Le budget est en déficit chronique.

Même si elle sert, enfin, en partie au financement de travaux d'infrastructure, la dette extérieure et intérieure augmente. Les structures archaïques héritées de l'époque coloniale se sclérosent: le Brésil, qui a su s'imposer dans le concert des nations, conserve un pouvoir politique centralisé qui se combine avec ceux, politiques et économiques, qu'exercent les seigneurs de la terre, les grands commerçants et les membres des professions libérales.

À la fin de l'Empire, les "barons du café" supplantent les "baron du sucre", mais la répartition des revenus est toujours aussi inégale: en pâtissent surtout la majorité paysanne et la main-d'œuvre non qualifiée.

3. 1889: l'installation de la République

C'est de 1870 que date le premier grand manifeste républicain: le parti républicain brésilien, encore bien peu homogène d'ailleurs, venait de naître d'une scission du parti libéral, dans le climat de conflits politiques issus de l'exténuante guerre du Paraguay.

L'influence des valeurs culturelles européennes, celle du positivisme, les réactions des francs-maçons (nombreux au Brésil) à la condamnation de la maçonnerie par le Syllabus de Pie IX (1864) et les problèmes posés par la dépendance de l'Église à l'égard de l'État entraînaient un bouillonnement d'idées, de querelles, de débats au Parlement et dans la presse. Ces mouvements finissent par aboutir au vote de lois qui vont permettre au Brésil de rejeter, enfin, certains héritages coloniaux: en 1888, l'abolition de l'esclavage, en 1891, la séparation de l'Église et de l'État.

Préparée déjà depuis de longues années par toute une série de mesures, l'abolition de l'esclavage (le 13 mai 1888) se contente d'octroyer la liberté aux 500.000 esclaves sans se préoccuper de l'intégration dans le monde du travail d'hommes qui n'ont aucune éducation et qui sont libérés sans le moindre pécule. Sans qu'intervienne, non plus, une réforme agraire, et sans que soient indemnisés les anciens maîtres dont bon nombre deviendront des "républicains du 14 Mai", c'est-à-dire des ennemis de la monarchie.

En réalité, il y avait longtemps déjà que l'esclavage était condamné et que les plus clairvoyants des propriétaires de main-d'oeuvre servile avaient pris leurs précautions. Ce n'est pas l'abolition de l'esclavage qui explique la chute de la monarchie.

L'étincelle qui permit aux républicains de prendre le pouvoir jaillit des conflits entre le gouvernement et l'armée, conflits latents pendant tout le règne de Dom Pedro II, conflits qui s'expliquent, eux aussi, par l'héritage colonial et éclairent en même temps certains aspects de l'histoire brésilienne du XIXe siècle.

Pour les Brésiliens des années 1820-1830, l'armée régulière symbolisait la répression des sentiments populaires. Les officiers supérieurs étaient encore, à l'époque, presque tous Portugais et considérés comme une sorte de garde prétorienne de Dom Pedro Ier, ce "Brésilien d'adoption", mais d'adoption seulement.

Sous Dom Pedro II, la classe politique va s'employer à marginaliser l'armée. La guerre contre le Paraguay ne réussira pas à en améliorer l'image, car la gloire des combats fut attribuée aux volontaires, en grande majorité des esclaves, qui pouvaient ainsi acquérir leur liberté. Les libéraux, surtout, ne voient pas d'un bon œil l'existence d'une force militaire disciplinée, permanente, nationale. L'abdication de Dom Pedro Ier, en 1831, offre l'occasion rêvée de réduire drastiquement les effectifs de l'armée et de créer une Garde Nationale civile qui jouira, elle, d'un grand prestige.

Jusque dans les années 1870-1880, l'armée vivra dans la routine des casernes et des garnisons lointaines. À partir de 1884, la "question militaire" explose et va peser de tout son poids dans la chute de la monarchie. La proclamation de la République peut être considérée comme l'artifice dont l'armée a réussi à se servir pour ne pas périr. Les officiers, nourris d'idées positivistes d'"Ordre et de Progrès", vont soutenir les républicains de la société civile parce qu'ils pensent que seul un gouvernement républicain leur donnera des possibilités d'ascension sociale et un pouvoir politique.

L'armée, dès cette époque, méprise les hommes politiques qu'elle traite d'opportunistes sans scrupules. Elle se considère comme un corps autonome, pouvant être amené à agir en dehors des lois et des institutions pour le plus grand bien de la Nation. Ainsi, 1889, avec l'installation de la République, 1930, avec la chute de cette première République, 1964, avec la dictature des généraux, s'explique en partie par le manque de dialogue et le fossé qui s'était creusé entre le pouvoir politique et l'armée, cette "grande muette" qui, soudain, avait pris la parole et ne voulait plus se taire. C'est à la suite de soulèvements dans les casernes de Rio, mais sans qu'une seule goutte de sang soit versée, que, le 16 novembre 1889, le Maréchal Deodoro da Fonseca demande à l'Empereur, vieilli et fatigué, de quitter le pays. Le 17 au matin, Dom Pedro II et toute sa famille s'embarquent, via Lisbonne, pour un triste exil parisien.

4. 1889-1930: la Vieille République

Le gouvernement provisoire met à profit ses pouvoirs extraordinaires pour convoquer une Assemblée constituante et installer le nouveau régime. Un décret du 14 décembre 1889 commence par naturaliser les quelques millions d'immigrants étrangers, surtout italiens, mais aussi suisses, allemands, autrichiens, venus travailler, comme colons ou artisans, dans le sud du pays.

La Constitution de la République du Brésil, promulguée en 1891, s'inspire du modèle fédéral et présidentialiste des États-Unis, avec un pouvoir central fort. Le président, élu au suffrage universel en même temps que son vice-président, est le chef de l'exécutif. Le pouvoir législatif est exercé par la Chambre des députés et le Sénat fédéral. Un Tribunal suprême fédéral a les mêmes fonctions que la Cour suprême américaine.

C'est aussi en 1891 que la nouvelle République consacre la séparation de l'Église et de l'État. Le Brésil vivait encore sous le régime du *Padroado* hérité des temps coloniaux. Le Padroado avait mis l'Église sous l'exclusive autorité du Roi portugais, puis de l'Empereur brésilien qui nommait à toutes les charges ecclésiastiques. L'abolition de l'esclavage et la séparation de l'Église et de l'État firent plus pour transformer la société brésilienne que l'installation d'une République qui avait pris le pays par surprise.

D'ailleurs, certains pays étrangers, dont la France, hésitent à la reconnaître avant qu'elle soit consacrée par un vote populaire.

Le 25 janvier 1891, la Constituante élit le premier président de la République, le Maréchal Deodoro. Élection difficile du fait des tensions entre les élus, elle a lieu sous la pression de l'armée.

Les quatre premières années de la République sont marquées par une série de petits coups de force, de luttes entre la Marine et l'Armée de Terre et surtout de révoltes "fédéralistes" (et non fédératives), véritables guerres civiles qui éclatèrent dans le sud du Brésil dès février 1893 et ne furent vaincues qu'en août 1895.

Les États du Rio Grande do Sul, de Santa Catarina et du Paraná surtout, s'étaient engagés dans la lutte pour une large prédominance des pouvoirs fédéraux sur les pouvoirs centraux, et une partie de la flotte avait pris le parti des rebelles. Il fallut tout le prestige du président Prudente José de Morais pour que les fédéralistes acceptent de déposer les armes. Ce qui n'empêcha pas des mouvements fédéralistes de continuer à se manifester du Piaui au Mato Grosso, du nord au sud du Brésil, tant que dura la "vieille République".

Les fédéralistes une fois matés, d'autres adversaires surgirent, ceux que l'on a appelés les "jacobins" élus dans les nouvelles Chambres et qui ne cessaient de dénoncer partout les ennemis de la République. Ce sont eux qui prirent la tête de la lutte contre Antônio Conselheiro, héros mystique du combat des pauvres des "Sertões" du Nord-Est contre un pouvoir républicain laïc, assimilé pour eux à l'Antéchrist.

Antônio Conselheiro réussit à créer, à Canudos, dans

l'intérieur de l'État de Bahia, une communauté, véritable État dans l'État, qui rappelait, en plus importante, les *quilombos*, ces refuges d'esclaves fugitifs des siècles précédents.

Avec des milliers de fidèles, il résista longtemps aux troupes de la République. Entre 1893 et 1897, celle-ci dut envoyer quatre véritables expéditions militaires pour réduire la résistance fanatique de ces pauvres hommes qui, perdus dans leur monde aride et calciné, avaient cru trouver le messie qui les comprenait et qui les aidait au nom du Christ, ami des humbles et des faibles.

Installée, reconnue, la République pouvait maintenant s'attacher à l'œuvre la plus difficile mais aussi la plus essentielle: le redressement économique du pays et l'organisation des services sanitaires dignes d'un État moderne. La lutte indispensable et finalement efficace contre le fléau de la fièvre jaune, avec ses campagnes de vaccination, faillit même causer la chute du gouvernement en 1904 !

Dès 1899, grâce à un accord avec les banques étrangères créditrices – le premier *funding loan* – le paiement des intérêts de la dette brésilienne était suspendu. Négociations d'un style bien connu aujourd'hui et qui confirmaient le contrôle de l'économie nationale par les capitaux étrangers. Un emprunt de 8.500.000 livres sterling fut utilisé pour la modernisation de Rio de Janeiro et la construction de son port. D'autres capitaux étrangers s'investirent dans le développement des voies de communication dans tout le pays, mais surtout dans les chemins de fer de l'État de São Paulo afin de rapprocher les plantations de café des ports d'exportation de Rio et de Santos.

Dès le début de la Première Guerre mondiale, le Brésil se déclara neutre, les Allemands n'en coulèrent pas moins le "Paraná", navire brésilien, et d'autres torpillages suivirent.

L'opinion publique était favorable aux Alliés, si bien que, le 26 octobre 1917, le Brésil entrait officiellement dans la guerre. Sa contribution à la victoire consista avant tout en fournitures de vivres et de marchandises.

Après la guerre, malgré quelques grèves dans le Sud, qui marquaient le tout début d'une prise de conscience ouvrière, c'est à partir de 1926 que la première République commence à se heurter aux graves problèmes qui entraîneront sa chute: poids insupportable des oligarchies locales et pression des gouvernements ou des "colonels" sur leur clientèle mais aussi sur le pouvoir central; mutineries dirigées par l'armée dans tout le pays, du Rio Grande do Sul au Pernambouc, du Para à l'Amazonie, du Sergipe à São Paulo.

Une colonne de révoltés de São Paulo et du Rio Grande do Sul, la très fameuse "coluna Prestes", alla jusqu'à parcourir 25 mille km dans les *Sertões* brésiliens – deux ans et demi de souffrances – dans l'espoir de renverser le régime en place, dénonçant les élections frauduleuses, le pouvoir des "colonels" locaux, adhérant à un mouvement qui se généralisait et que l'on appelait le "tenentisme" (de *tenente* : lieutenant).

Les opposants se regroupèrent finalement autour des représentants de deux États les plus riches, les États "café au lait": c'est-à-dire São Paulo, le plus gros producteur de café, et le Minas

Gerais, le plus important producteur de lait.

Des révoltes, suscitées par l'armée et qui étaient amplifiées par les rumeurs de menaces économiques – la grande crise mondiale entraînait déjà une baisse sensible des cours du café et du revenu des exportations – éclatèrent dans tout le pays.

En fin de mandat, le président de la République Washington Luís sera simplement déposé en octobre 1930, et Getúlio Vargas, gouverneur du Rio Grande do Sul, assumera "provisoirement" le gouvernement de la République, le 3 novembre 1930, comme "délégué de la Révolution au nom de l'Armée, de la Marine et du Peuple". C'était un vrai coup d'État et ce ne devait pas être le dernier.

5. 1930-1945: le “gétulisme”

Cette première étape est marquée par l’installation d’un régime autoritaire, la fin du libéralisme économique, la multiplication des interventions de l’État dans les activités de production. Un homme domine la scène politique pendant toute cette période, le président Getúlio Vargas, qui arrive au pouvoir dans le contexte dramatique de la crise de 1929.

L’effondrement des cours du caoutchouc et du café – l’image des tonnes de café achetées par l’État pour être brûlées dans les locomotives est dans toutes les mémoires – a contribué à provoquer la chute du régime.

Getúlio Vargas constitue un gouvernement provisoire (1930-1934), suspend la Constitution de 1891 et se fait élire Président en 1934. Sa doctrine, fondée sur le nationalisme, la politique de masse, le “populisme”, prendra d’ailleurs le nom de “gétulisme”. Comme plus tard, d’autres personnalités telles que Janio Quadros ou Ademar de Barros, qui furent gouverneurs de l’État de São Paulo, ou Leonel Brizola, gouverneur du Rio Grande do Sul, donneront leur nom au “janisme”, à l’“ademarisme” ou au “brizolisme”.

Avec le nationalisme civil et militaire se développe une volonté de centralisation administrative pour la modernisation de l’appareil de production. La nouvelle Constitution, promulguée en 1934, impose un nouveau Code des mines, qui confie à l’État l’exploitation du sous-sol et de toutes les ressources minérales, et un Code des eaux, qui lui donne la maîtrise totale des ressources hydrauliques.

Le Code électoral ne donne pas le droit de vote aux analphabètes, mais la Constitution prévoit l'élection au suffrage direct du président de la République. Celle-ci devait intervenir en 1938. Elle n'aura pas lieu.

La "politique de masse" et le "populisme" inspirent des lois à caractère social novateur, dont la gloire revient essentiellement au président Vargas (1930-1946 et 1951-1954), fort habile à soigner sa popularité. Son jeu politique est favorisé par la forte poussée de l'industrialisation et l'essor d'un secteur secondaire. Ce qui bénéficie à la bourgeoisie, celle des financiers, des entrepreneurs et des commerçants, crée une demande de main-d'œuvre et provoque l'exode des ruraux vers les villes.

Le gouvernement apparaît ainsi comme un créateur d'emplois, et se pose aussi en adversaire des oligarchies qui, à travers les grands propriétaires terriens, dominent le monde rural.

Le débat entre socialisme et capitalisme occupe la vie politique sans qu'aucun des deux principaux partis de l'époque, fortement marqués par la montée du fascisme et du totalitarisme en Europe, ne s'impose véritablement à l'échelle nationale: l'ANL (Alliance nationale de libération) qui se situe à gauche, l'AIB (Action intégraliste brésilienne), marquée par le fascisme, cherchent, tout à tour, à s'emparer du pouvoir.

Ils laisseront une trace profonde dans la mentalité des Brésiliens. L'ANL sera déclarée illégale en 1935, l'AIB en 1938, après la mise en place, en novembre 1937, d'un nouveau régime dictatorial, l'"Estado Novo", l'"État nouveau": dans la nouvelle Constitution de 1937, les deux Chambres sont suspendues, les partis supprimés, le Président a le droit de gouverner par décret et le pouvoir central s'arroge le droit d'intervenir dans la politique et l'administration des États membres de la Fédération brésilienne. La censure pour la presse, le cinéma et la radio est instituée: un Tribunal de Sécurité nationale peut condamner à mort pour crimes contre l'État.

De 1937 à 1945, l'Estado Novo planifie et, privilégiant l'industrie, développe la métallurgie, la sidérurgie et les infrastructures nécessaires à la politique d'industrialisation. Il crée les premières sociétés nationales: la Companhia Siderúrgica Nacional (1941), l'entreprise de minération Vale do Rio Doce (1942), le Serviço Nacional da Indústria (SENAI, 1942), la Fábrica Nacional de Motores (1943), la Companhia Nacional de Alcalis (1943), la Companhia Hidro-Elétrica do São Francisco (1945), le Conselho Nacional do Petróleo (1938).

Il stimule aussi les exportations, qui sont favorisées, pendant les trois premières années de la Seconde Guerre mondiale, par la neutralité brésilienne (notamment celles de manganèse, de caoutchouc, de mica, de cristaux, d'huiles végétales). Créditeur de nombreux pays, le Brésil utilisera cet afflux de devises pour racheter des entreprises étrangères.

Sur le plan social, le gouvernement renforce la législation du travail et institue le salaire minimum (1940). Un fascisme mâtiné d'une sorte de paternalisme ingénu domine alors la société brésilienne, par ailleurs étroitement contrôlée par le terrible DIP (Departamento de Imprensa et Propaganda) qui traque les opposants au régime.

Dès 1941, Vargas se rapproche des États-Unis. Il finit par embrasser la cause des Alliés, déclarer la guerre à l'Axe, en août 1942, et envoyer un corps expéditionnaire en Italie.

La déroute du fascisme européen l'incite à mettre en œuvre la démocratisation du pays et même à fonder un parti travailliste, ce qui lui aliène les milieux d'affaires. Les militaires, qui ont combattu avec les Alliés, lui sont aussi hostiles. Sous leur pression, Vargas abandonne le pouvoir en octobre 1945.

6. 1946-1964: les tentatives de démocratisation

Le nouveau Président, le maréchal Dutra (1946-1950), fait adopter, en 1946, une nouvelle Constitution démocratique, assez proche de celle de 1891 et qui confirme la structure fédérative du pays. Il favorise aussi les investissements étrangers, principalement américains (ceux-ci augmenteront de 300% en six ans). Ils contribuent à l'essor économique du pays mais beaucoup moins au progrès social. Et les réserves de devises, accumulées pendant la guerre, servent principalement à l'importation de biens de consommation (en augmentation de 290 % dans la même période).

Les nouveaux partis politiques s'organisent surtout autour des élites et exaltent le sentiment nationaliste qui mobilise l'adhésion populaire. Le parti communiste (PCB) fait une percée assez remarquée, mais sera interdit en 1947.

Candidat du parti travailliste, Getúlio Vargas est réélu en 1950 président de la République. Marier développement capitaliste, indépendance nationale et progrès social se révèle une tâche difficile. Vargas s'efforce de limiter l'afflux des investissements américains, reprend sa politique d'industrialisation dirigiste avec la création de Petrobrás (1953), qui aura le monopole de l'exploitation et du raffinage du pétrole, d'Electrobrás (1954), du Banco Nacional de Desenvolvimento Econômico (1952) et de la Superintendência da Moeda et do Crédito (1953). Il soutient l'action de son ministre du Travail, João Goulart, qui fait des syndicats brésiliens une véritable puissance ouvrière, le droit de grève ayant été reconnu aux travailleurs.

Mais la situation économique devient de plus en plus difficile à maîtriser: hostilité des milieux d'affaires, mécontentement populaire, démission de Goulart en 1953... La sombre affaire d'un attentat manqué contre le leader de la droite Carlos Lacerda acculera Vargas au suicide, en août 1954.

L'ère du nouveau président de la République, le social-démocrate Juscelino Kubitschek (1956-1960), et de son vice-président, leader de la gauche, João Goulart, est marquée par la poursuite de la politique d'industrialisation, avec la volonté de limiter les investissements étrangers dans les sociétés brésiliennes et le développement, notamment, du groupe sidérurgique de Volta Redonda: l'accélération de l'urbanisation (la majorité de la population vit désormais en ville, et commencent à se poser des problèmes aigus de logement, d'équipement, d'éducation); un effort de décentralisation politique et économique du pays, enfin, favorise, avec l'aide de l'État, des secteurs de base tels que les transports, l'énergie, le ravitaillement, l'éducation; Brasilia, la nouvelle capitale, devient le symbole de l'unité brésilienne.

Kubitschek, en outre, s'efforce de combattre les déséquilibres régionaux (objectif qui ne sera jamais atteint) et de développer le Nord-Est où des ligues paysannes s'organisent pour lutter contre l'injuste répartition des terres, alors que la propriété a, au contraire, tendance à se concentrer entre les mêmes mains et que bon nombre de minifundia ne suffisent pas à assurer la survivance d'une famille.

Politique ambitieuse qui provoque un grave déficit budgétaire. Janio Quadros succède pour quelques mois à Kubitschek, puis démissionne.

La présidence de João Goulart (1961-1964) sera une période de vives tensions politiques. Les courants qui, depuis 1945, ont irrigué la politique brésilienne, s'exacerbent: l'UDN (Union démocratique nationale – 1945), le PSD (Parti social-démocrate – 1945), le PTB (Parti travailliste brésilien – 1945), le PSB (Parti socialiste brésilien – 1947). D'un côté, les tenants de l'étatisme, du dirigisme économique et d'un nationalisme teinté d'antiaméricanisme. De l'autre, les partisans de l'économie de marché, de l'ouverture aux investissements étrangers, d'un développement sous la bannière du libéralisme.

Tandis que la situation économique se détériore, Goulart prend des mesures radicales – nationalisation des raffineries de pétrole étrangères, expropriations de terres, réforme agraire – et développe des relations avec le bloc socialiste tandis que les communistes envahissent l'appareil d'État. Le 31 mars 1964, un coup d'État donne le pouvoir à l'armée qui renvoie Goulart. L'Armée porte à la tête de l'État le maréchal Castelo Branco (1964-1967), avec l'appui de la majorité des classes dirigeantes, celui des classes moyennes, mobilisées contre le "péril rouge", et aussi grâce à la passivité du reste de la population.

7. 1964-1984, le pouvoir militaire : du miracle économique à la récession

En 1954, 1955, 1961, les militaires avaient seulement essayé d'influencer la politique des gouvernements légaux. Cette fois, ils décident d'assumer eux-mêmes le pouvoir, affrontant une vague de terrorisme qui cherche à déstabiliser politiquement le Brésil et que favorisent l'immense misère et la surpopulation urbaine.

Le nouveau régime verra se succéder à sa tête, pendant dix ans, différents militaires. Centralisation et répression le caractérisent. Promulgation d'une nouvelle Constitution autoritaire, partis politiques existants interdits, ligues agraires dissoutes, censure, purges dans la fonction publique, privation de droits civiques, méthodes policières allant jusqu'à la torture et à la mort.

Le programme d'assainissement économique entreprend, pour juguler l'inflation, de réduire les dépenses publiques, d'augmenter les impôts, de bloquer les salaires, de limiter les emprunts donc la dette, de stimuler les exportations, de privilégier le secteur privé, y facilitant les investissements.

On a beaucoup parlé du "miracle économique brésilien" qui, de 1964 à 1973, se manifeste par un taux de croissance remarquable. Mais ce miracle a un prix: il est dû à l'afflux de capitaux étrangers, américains en majorité, encouragé par les militaires: ils représentent 70% des capitaux investis dans l'industrie, 68 % de ceux investis dans les transports, 58 % de ceux investis dans le commerce.

Ce “miracle” profite surtout à la bourgeoisie brésilienne et aux investisseurs étrangers. Et l’explosion démographique entasse dans les villes toujours plus de ruraux qui ne peuvent plus survivre sur leurs terres, et toujours plus de jeunes sans formation, les gouvernement successifs se révélant incapables de répondre aux problèmes de logement, de santé, d’éducation.

Dès 1968, l’archevêque “rouge” de Recife, Dom Helder Camara, dénonce les conditions de vie de cette population paupérisée, tandis que des émeutes estudiantines sont réprimées par la police.

À partir de 1973, le choc pétrolier va mettre en évidence la fragilité du miracle brésilien, les dangers sociaux de la crise économique, le péril de l’endettement massif dans lequel le pays s’engage. Un nouveau Président, le général E. Geisel (1974-1979), va amorcer une démocratisation du régime.

Des élections législatives ont lieu le 15 novembre 1974 et sont un succès pour l’opposition “légale”. Deux partis “officiels” sont, en effet, autorisés, l’ARENA, Alliance de rénovation nationale, proche du gouvernement, et le MDB, Mouvement démocratique brésilien. Cependant, les problèmes économiques et sociaux persistants mettent un frein à la libéralisation du régime.

En avril 1977, Geisel, en conflit avec le MDB, suspend la session du Congrès et légifère par ordonnances. Il s’efforce d’apaiser le mécontentement populaire en prenant deux importantes mesures sociales concernant les congés payés et les loyers. Mais il doit affronter, dans le même temps, à la fois des grèves et des manifestations qui agitent l'Université et la presse, réclamant l'abolition de la censure, la fin des pouvoirs dictatoriaux du Président et aussi les prises de position très dures de l'Église catholique en faveur des pauvres et des opprimés.

Finalement, c'est au général Figueiredo (1979-1985), candidat de l'ARENA, élu président de la République au suffrage indirect, le 15 octobre 1978, qu'il reviendra d'engager le Brésil dans la voie de la démocratisation: amnistie des exilés politiques en 1979, légalisation des partis d'opposition issus de l'éclatement du MDB dont le PMDB (Parti du mouvement démocratique brésilien), élection au suffrage direct des gouverneurs des 23 États, du Sénat, de la Chambre des députés, des parlements locaux, des maires et conseils municipaux.

Ces élections interviendront en novembre 1982. Ce seront les premières élections démocratiques depuis 1964. Enfin, la pression conjuguée des partis d'opposition, de l'Église, des syndicats ont failli faire aboutir, dès 1985, la campagne pour l'élection du président de la République au suffrage universel: 22 voix manquèrent à l'opposition pour l'obtenir. Mais le PMDB, aidé par le PFL (Parti du Front Libéral), une scission du PDS (Parti démocrate social), qui avait succédé à l'ARENA, porte à la tête du pays un civil, homme d'ouverture très populaire, Tancredo Neves.

Celui-ci meurt avant d'avoir même entamé son mandat. Son vice-président, José Sarney, homme de compromis, assume alors les destinées du Brésil, dans une situation économique et sociale particulièrement difficile. Une Assemblée constituante, élue en 1987, a voté, le 2 septembre 1988, après de longs débats, la nouvelle Constitution brésilienne qui prévoit l'élection du président de la République au suffrage universel.

La désignation, en cette fin d'année 1989, du nouveau Président par 82 millions d'électeurs permettra-t-elle au Brésil de s'attaquer à des problèmes structurels que ni le programme nationaliste et populiste, ni le programme libéral et capitaliste n'ont été, depuis 50 ans, capables de résoudre ?

Katia de Queirós Mattoso
Antônio Fernando Guerreiro de Freitas

(Paris, Institut International de Géopolitique)
28, Hiver 1989-1990, pp. 16-30

Deuxième partie

LE BRÉSIL DE 1985 à 2001 :

CONSOLIDATION DÉMOCRATIQUE ET STABILISATION ÉCONOMIQUE

Paulo Roberto de Almeida

Docteur ès Sciences Sociales, Diplomate

1. Bilan d'une époque : les dernières années du siècle

Pour les Brésiliens, qui s'apprêtaient à commémorer, en 2000, les cinq premiers siècles de formation nationale (mais à peine 180 ans de vie indépendante et un peu plus d'un siècle de régime républicain), les quinze années qui se sont écoulées depuis 1985 ont constitué l'une des phases les plus mouvementées dans leur vie politique, sociale, économique et diplomatique. La période a été caractérisée par la consolidation de son régime démocratique, par des tentatives d'ajustement économique et la poursuite incessante de la stabilisation, enfin conquise, depuis maintes tentatives frustrées tout au long d'une histoire marquée par l'inflation et le changement de monnaie, ainsi que par de nouvelles formes d'insertion internationale, symbolisée par l'ouverture économique et l'intégration dans le cadre du Mercosul. Il y eut aussi un début de changement dans le traitement de la question sociale qui, hélas, présente encore, avec une forte inégalité dans la répartition du revenu, un chapitre toujours ouvert dans le processus séculaire de modernisation du Brésil.

Dans cette nouvelle étape dans la vie du pays, on a pu assister aux processus et événements suivants :

- la transition pacifique du régime militaire, instauré en avril 1964, à un gouvernement civil, en 1985, prenant appui sur des partis politiques nationaux;
- de multiples tentatives et expériences, à la fois manquées et réussies, de stabilisation économique, culminant dans le *Plan Real*, commencé en juillet 1994 et présentant des résultats spectaculaires dans le contrôle de l'inflation et dans la sauvegarde du pouvoir d'achat de la nouvelle monnaie;

- la restructuration institutionnelle du pays, avec l'adoption, en octobre 1988, d'une nouvelle Constitution, révisée en 1993 et à nouveau objet d'amendements depuis 1995, pour permettre l'ouverture économique du pays;
- le développement du processus d'intégration dans le Cône Sud, tout d'abord dans un cadre bilatéral (avec l'Argentine, partenaire d'importants accords dans le domaine nucléaire), ensuite dans un contexte quadrilatéral ouvert (associant en plus le Paraguay et l'Uruguay par le Traité d'Asunción) et qui, à terme, doit mener à l'achèvement du Mercosul (marché commun du Sud), ainsi qu'à une zone de libre-échange sud-américaine, avec d'autres voisins du continent;
- les premières élections directes, depuis 1960, au suffrage universel, celles du président de la République, en 1989, rompant un "jeûne" de presque 30 ans dans la vie politique du Brésil;
- l'impeachment, par le Congrès, de ce même Président élu, pour faits de corruption, et son remplacement démocratique par le vice-président, conférant une nouvelle légitimité au système politique;
- de nouvelles élections générales en octobre 1994, parlementaires, gouvernementales et présidentielles, consolidant l'alternance démocratique dans ce que l'on peut bien appeler, désormais, l'une des plus grandes démocraties du monde occidental ;
- l'inauguration, par les deux présidences Fernando Henrique Cardoso (1995-2002), d'un processus dynamique de révision constitutionnelle et de réformes légales, en vue de préparer le pays à une plus grande insertion internationale, dans un contexte de crises financières extérieures et de besoins internes de continuité de l'ajustement fiscal.

Ce fut un long chemin d'apprentissage démocratique, depuis le précédent régime républicain de la Constitution de 1946, celui du système "populiste" héritier du nationalisme et de l'étatisme varguiste, qui avait été interrompu par le coup d'État militaire de 1964. Les dernières élections directes à la Présidence de la République, avant l'établissement du régime autoritaire, avaient vu s'opposer, en 1960, les candidats de trois coalitions de partis qui se disputaient les votes d'un peu moins de 12 millions d'électeurs.

En 1994, ce sont huit candidats qui, lors du premier tour, ont demandé l'appui de presque 95 millions d'électeurs, soit une croissance spectaculaire de plus de 600% de la masse de votants dans la période considérée. En 2002, les élections présidentielles devraient mobiliser près de 106 millions de votants, désormais servis par un système de suffrage électronique, qui avait déjà fait ses preuves, partiellement, en 1998 et en 2000 (élections municipales). Cette large démocratisation de la vie politique, avec une expansion constante de la participation populaire au jeu politique, constitue peut-être le trait le plus saillant du Brésil moderne, à côté, en moins brillant, des inégalités criantes de sa structure sociale et de la large masse d'exclus de la croissance économique.

Du point de vue matériel, social et économique, c'est bien à une décennie entière de tentatives de stabilisation de la vie économique que les Brésiliens ont assisté depuis 1985. Il y eut, tout au long de la période, une alternance de phases de croissance et de conjonctures de crise ou de dépression, une stagnation relative du pouvoir d'achat, un transfert net de capitaux vers l'étranger au titre du paiement de l'énorme dette extérieure, le remplacement (pas moins de cinq fois) de la monnaie nationale avec autant de plans de redressement du système économique et monétaire, pour finalement aboutir, en juillet 1994, à un effort inédit de stabilisation macro-économique, le *Plan Real*, dont le développement depuis lors peut être considéré comme un succès. Cette fois, le plan comportait, au préalable, l'ajustement fiscal de l'État, suivi du lancement d'une nouvelle monnaie, le *real*, la garantie du maintien du pouvoir d'achat étant fondée sur les réserves de change du pays. En dépit d'une certaine surévaluation au cours des premières années, ainsi que de la forte dévaluation et de l'introduction d'un régime de change flottant en janvier 1999, à la suite des crises financières internationales, le *real* a fait montre de flexibilité et de résistance, renouvelant la confiance des Brésiliens dans leur monnaie, après des années de frustrations monétaires.

La relative stagnation de la croissance nominale au long des années 1980 et le comportement erratique du cycle économique dans la décennie suivante n'ont pas empêché la progression satisfaisante des indicateurs sociaux, surtout dans le domaine de l'éducation, l'espérance de vie, l'égalité des sexes et la disponibilité de biens durables. Indéniablement, le Brésil constitue, aussi bien du point de vue politique que de la vie économique, l'un des plus grands laboratoires en grandeur nature que l'on puisse connaître dans le monde.

9. La transition au régime civil : alliances et compromis

Le mouvement en faveur d'élections directes à la présidence de la République, qui débute en 1983, se développe dans une conjoncture de crise économique et politique. En effet, le contraste entre les indicateurs de croissance et les taux d'inflation de cette phase avec ceux de l'époque du "miracle économique" est frappant, en même temps que le poids de la dette était un signe visible de la détérioration des comptes externes.

Indicateurs économiques pour la période militaire, 1970-1984

	Croissance PIB		Balance	Dette	Dette/	Taux
Année	Nominale	Par tête	Paiements*	Externe*	PIB	inflation
1970	10,4	7,2	-562	5.295	12,5	19,5
1971	11,3	8,6	-1.307	6.622	13,3	20,3
1972	12,1	9,4	-1.489	9.521	16,3	17,3
1973	14,0	11,3	-1.688	12.572	15,9	14,9
1981	-3,1	-5,3	-11.734	61.411	23,3	109,9
1982	1,1	-1,2	-16.310	70.198	25,8	95,5
1983	-2,8	-5,0	-6.837	81.319	39,4	154,5
1984	5,7	3,4	45	91.091	43,1	220,6

Source : IBGE ; * US $ millions.

Le mouvement en faveur de la redémocratisation, commandé par les gouverneurs d'opposition de São Paulo et de Minas Gerais, ne réussira cependant pas à faire accepter par les militaires et au-delà par le Congrès le principe du suffrage universel. Un amendement constitutionnel dans ce sens est rejeté en octobre 1984, à vingt-deux voix près. Mais la pression de la société civile vient à bout du régime militaire instauré en avril 1964, au moyen d'une combinaison d'événements en chaîne.

On assiste, tout d'abord, à la scission du parti gouvernemental, le Parti démocrate social (PDS) et au détachement de son sein d'un Parti du front libéral (PFL); puis au regroupement de celui-ci, dans une Alliance démocratique, avec le principal parti d'opposition, le Parti du mouvement démocratique brésilien (PMDB); enfin, en janvier 1985, à l'élection indirecte, par un Collège électoral constitué en majeure partie de représentants élus aux niveaux fédéral, des états et municipal, d'un nouveau président de la République, en la personne d'un leader civil devenu subitement très populaire, Tancredo Neves.

Ce nouveau président tire sa légitimité politique et son soutien populaire essentiellement de l'annonce d'une rupture avec vingt et un ans de régime "technocratique-militaire" et de la promesse d'une large redémocratisation de la vie politique et sociale du pays. C'est l'inauguration de ce qu'il appelle la "Nouvelle République". Originaire de l'Etat du Minas Gerais, politicien de la vieille école, Tancredo réussit à composer une large cabinet de coalition, mais, hélas, non à gouverner : hospitalisé le jour même du début de son mandat (15 mars 1985), sans avoir pu être confirmé par le Congrès, il meurt le 21 avril – date symbolique, au Minas Gerais et au Brésil, de la première tentative de la libération du joug portugais – avant d'avoir pu exercer ses talents de conciliateur.

Il est remplacé par le vice-président, José Sarney, d'abord provisoirement puis, après sa mort, de manière définitive. Sarney est aussi un homme de compromis, amplement rompu aux alliances politiques et à ces échanges réciproques de faveurs entre gouvernement et opposition que tout nouveau pouvoir se doit de faire pour gérer des situations de transition. Ex-gouverneur de l'État de Maranhão (dans le Nord), sénateur, il était l'ancien Président (en dissidence) du parti gouvernemental PDS. En tant que premier mandataire du pays, il devient "président d'honneur" du principal parti d'opposition, le PMDB, désormais majoritaire dans la coalition politique qui soutient le nouveau régime. Mais Sarney doit gouverner pratiquement avec l'obligation de partager les décisions avec le principal leader de l'opposition civile au régime militaire, le président et député fédéral du PMDB pour l'État de São Paulo, Ulysses Guimarães.

Les premiers mois de Sarney aux commandes de l'État et à la tête du Gouvernement sont très délicats, du fait d'une légitimité populaire défaillante et surtout pour avoir hérité d'un cabinet ministériel qu'il n'avait pas composé lui-même. Il assume aussi ses fonctions dans des conditions économiques et sociales particulièrement difficiles pour le Brésil plongé depuis septembre 1982 dans la crise de la dette extérieure et devant affronter un mélange pervers de faible croissance économique, d'exportation de capitaux et de recrudescence de l'inflation. Il doit enfin honorer le programme de gouvernement de l'Alliance Démocratique qui, comme tout pacte de compromis, comporte des promesses très optimistes au point de vue social et des orientations forcément contradictoires en matière de gestion économique et financière.

Sur le plan politique, il réussit tant bien que mal, grâce à son expérience de “vieux routier” de la politique, à équilibrer sa position entre des alliés parfois encombrants. En vue de restaurer l’ordre institutionnel, profondément déréglé par une Constitution octroyée par une junte militaire en 1969 et criblée d’amendements par la suite, une Assemblée constituante, composée des membres du Congrès ordinaire, est convoquée au moyen d’élections parlementaires prévues pour novembre 1986.

Mais, au plan social, de nombreuses grèves paralysent plusieurs secteurs de l’activité industrielle et même le fonctionnement de l’État, du fait d’une détérioration générale du pouvoir d’achat des salaires en face d’une inflation qui menace d’échapper au contrôle des autorités. La crise des années 80 provoque une chute importante des taux de croissance et du revenu national, amenant ainsi une régression générale du niveau de vie de la population. En fait, c’est à une décennie entière de régression dans les indicateurs de croissance et de détérioration du pouvoir d’achat de la monnaie qu’assistent les Brésiliens et le contraste entre les annés 1970, qui avaient pourtant vu les deux crises du pétrole, et les années 1980 est on ne peut plus frappant.

Indicateurs économiques des années 1970 et 1980

(taux moyen annuel; inflation : variation médiane)	**1971-80**	**1981-90**
Croissance du PIB réel	8,5	1,5
Croissance du PIB réel par tête	5,9	-0,4
Inflation (déflateurs du PIB)	40,9	562,9

Source : Banque Mondiale

Le gouvernement Sarney essaye de s'attaquer à la question sociale au Brésil, notamment par l'accélération de la réforme agraire et la mise en oeuvre de certains programmes de redistribution (produits de première nécessité, comme le lait) aux couches défavorisées de la population. C'étaient cependant de simples palliatifs face aux énormes problèmes auxquels devaient faire face les Brésiliens les plus démunis, estimés à cette époque à environ un quart de la population.

10. Tentatives de stabilisation économique et nouvelle Constitution

En février 1986, rompant avec une politique graduelle de contrôle de l'inflation, le gouvernement Sarney, déjà à son deuxième ministre des finances, décide de lancer un audacieux programme de stabilisation économique et financière, le *Plan Cruzado.* Il est basé sur la substitution du *cruzeiro* par la nouvelle monnaie, le *cruzado*, la suppression de trois zéros par rapport au cours précédent, le gel des prix et des salaires pour un an (ou du moins jusqu'à ce que l'inflation passe le seuil de 20%), la suppression de l'indexation monétaire (qui avait jusqu'alors entretenu la hausse tendancielle de l'inflation du fait des expectatives et des anticipations), la fixation d'un taux de change par rapport au dollar et enfin l'introduction de l'assurance chômage. En absence, cependant, d'un sérieux effort de redressement fiscal, les bases de la stabilisation demeurent très fragiles.

Les résultats sont encourageants les premiers mois, avec la chute des prix et la récupération du pouvoir d'achat des travailleurs, mais, bientôt, la pénurie de certaines denrées (dont la viande, le lait et certains produits d'hygiène) conduit à une épreuve de force entre le gouvernement, d'un côté, et les industriels, commerçants et agriculteurs-éleveurs, de l'autre. Un Fonds National de Développement est mis en place à la mi-1986 en vue de corriger la détérioration des comptes publics, par une taxation additionnelle sur l'achat de voitures et de combustibles, les voyages internationaux et l'achat de devises, ainsi que sur les placements financiers à court terme. Le taux du dollar atteint bientôt, au cours parallèle, près de 100 % du cours officiel.

En même temps que l'on assiste à une croissance record de la production industrielle, certaines entreprises se retrouvent en difficulté et doivent licencier des travailleurs. Sur le front de la dette extérieure, de difficiles relations avec les banquiers internationaux et les créanciers officiels conduisent à la suspension des paiements du principal et des intérêts de la dette commerciale et publique; une épreuve de force qui ne sera résolue que quelques années plus tard. Cependant, sans obtenir l'aval préalable du Fonds Monétaire International (FMI), le Brésil parvient, en février 1987, à un accord de rééchelonnement de sa dette officielle dans le Club de Paris, portant sur un montant de 4,2 milliards de dollars US d'arriérés.

Finalement, après des élections générales où le PMDB arrive largement en tête, dans tous les États, le Gouvernement décide d'introduire quelques corrections au Plan de stabilisation, au moyen du *Cruzado II*, avec une forte augmentation des prix et des tarifs publics dans plusieurs secteurs. Désormais, le gouvernement Sarney ne parviendra plus, malgré différentes mesures de contention des prix et d'autres plans d'urgence, à stabiliser l'économie et à enrayer l'inflation : celle-ci, qui au début du gouvernement Sarney se situait à la hauteur de 250% par an (avec des tendances à 1000%) et qui avait connu le court répit du *Plan Cruzado*, va en s'accélérant peu à peu, jusqu'à approcher l'hyperinflation à la fin du mandat présidentiel, en mars 1990.

Indicateurs économiques, présidence Sarney : 1985-1989

	PIB, valeur-croissance		Épargne	Taux	Taux
Année	US$ milliards	% réelle	% PIB	inflation	chômage
1985	211,1	7,9	20,3	235	5,3
1986	257,8	8,0	18,0	65	3,6
1987	282,4	3,6	22,7	416	3,7
1988	305,7	-0,1	25,7	1.038	3,8
1989	415,9	3,3	27,1	1.783	3,3

Source : IBGE

Le Congrès élu en novembre 1986 entame son travail d'Assemblée Constituante en février 1987 et, après de longs mois de débats, parvient à voter, le 2 septembre 1988, une nouvelle Constitution, qui entrera en vigueur le 5 octobre suivant. Celle-ci rétablit les élections directes à tous les niveaux (à deux tours pour le président de la République, les gouverneurs des États et les maires des villes les plus importantes), établit une nouvelle division politique de la Fédération (par la création d'États nouveaux), mais introduit aussi une autre répartition des recettes de l'Union, beaucoup plus favorable aux états et municipalités, qui sera la source des difficultés budgétaires subséquentes de l'État fédéral.

La nouvelle Constitution, assez détaillée dans la réglementation de différents aspects de la vie publique, garantit de nombreux droits économiques et sociaux à la population, confirmant en outre un certain interventionnisme de l'État ainsi qu'un nationalisme de base dans le chapitre économique. Elle confirme, par exemple, plusieurs monopoles de l'État dans le domaine économique et impose des limites à la participation du capital étranger dans des secteurs considérés stratégiques, comme les mines et les télécommunications. C'est une très longue Constitution : pas moins de 245 articles et 70 "dispositions transitoires", y compris une disposition qui commandait sa propre révision, cinq ans après son entrée en vigueur.

11. Une politique extérieure faite de continuité et de changements

Si la performance du gouvernement Sarney, du point de vue interne, fut marquée par des résultats contrastés au plan économique, la politique extérieure, quant à elle, a été marquée par des transformations importantes dans plusieurs domaines. Il faut tout de même remarquer la continuité des grandes lignes d'une diplomatie hautement professionnelle, très respectée sur le continent et ailleurs. Les éléments les plus visibles de la scène politique sur le front externe ont été, sans doute, d'un côté, le processus d'intégration avec l'Argentine et, de l'autre, un irritant conflit commercial avec les États-Unis. Mais d'autres faits importants ont aussi marqué l'activité gouvernementale dans ce domaine.

Sarney, qui avait un intérêt personnel pour les Affaires étrangères, entame un spectaculaire rapprochement politique et économique avec le plus grand voisin du Brésil, l'Argentine, pays avec lequel des rapports difficiles avaient été entretenus pendant la période militaire, notamment à propos de l'exploitation des ressources hydrauliques du bassin du fleuve Paraná. À partir d'une rencontre historique, à la fin 1985, à la ville frontière d'Iguaçu, entre les Présidents Sarney et Alfonsin, c'est le début de la coopération en matière nucléaire entre les deux pays et d'un processus d'intégration économique qui, dans la conformation définie dans le Traité d'intégration de 1988, devrait mener, en l'espace de dix ans, à un marché commun bilatéral. Leurs successeurs décideront, en 1990, d'accélérer ce processus, ce qui a conduit, avec son extension au Paraguay et à l'Uruguay, à la signature, en mars 1991, du Traité d'Asunción, jalon fondateur du Mercosul.

Sur le plan régional encore, il convient de signaler, outre des visites bilatérales dans presque tous les pays du continent latino-américain, les premières rencontres ministérielles et présidentielles à propos du processus de paix en Amérique Centrale et du problème de la dette extérieure (Consensus de Cartagène), qui ont permis la constitution ultérieure du "Groupe de Rio" : ce sommet informel, mais régulier, des chefs d'État des pays les plus importants de la région ouvre le chemin à des rencontres annuelles avec les pays européens.

En matière de politique économique extérieure, l'administration Sarney, tout en déclenchant un processus de réforme tarifaire et d'ouverture modérée de l'économie brésilienne aux investissements internationaux, doit tout de même gérer un délicat conflit commercial avec les États-Unis. Ce pays se plaint d'une loi sur l'informatique qui interdit la libre importation d'ordinateurs individuels ainsi que les associations avec le capital étranger dans ce secteur. Le Code brésilien sur la Propriété Industrielle constitue un autre point de controverse, puisqu'il ne reconnaît pas les brevets pharmaceutiques. Les États-Unis adoptent, unilatéralement et de manière illégale au regard du droit international, des mesures de rétorsion commerciale envers le Brésil, qui porte l'affaire devant le GATT. D'autres points de tension concernent des positions divergentes dans les négociations multilatérales de l'Uruguay Round, notamment en matière de services et propriété intellectuelle.

Après avoir rétabli, en juin 1986, les relations diplomatiques avec Cuba, rompues par les militaires en 1964, le Président Sarney visite la Chine et l'URSS, une première dans l'histoire du Brésil. Avec le géant asiatique, le Brésil établit un programme de coopération dans le domaine scientifique et technologique prévoyant, entre autres, le lancement d'un satellite sino-brésilien sur une fusée chinoise.

12. Les premières élections directes en 30 ans : ascension et chute d'un président

Le Brésil se lance, à la fin de l'année 1989, dans l'élection d'un nouveau président de la République, le premier à être élu par vote direct de la population depuis 1960, et non plus désigné par un collège électoral restreint, comme ce fut le cas pour les cinq généraux de l'Armée de Terre qui se sont succédés à la tête de l'État entre 1964 et 1985. Quelque 82 millions d'électeurs devaient choisir, lors du premier tour des élections, entre 22 candidats de partis politiques enregistrés, la plupart, il est vrai, ne disposant pas de bases réelles dans la vie politique nationale, mais inscrits en vertu d'une loi électorale relativement permissive.

En effet, le libéralisme excessif de la législation sur les partis, les caractéristiques du mode de scrutin proportionnel en vigueur dans le pays, voire les facilités accordées à la formation de nouveaux groupements politiques au Parlement ont conduit, à la fin des années 80, à une importante fragmentation et dispersion de la structure des partis, rendant souvent difficile l'obtention d'une majorité gouvernementale.

Comme on peut le constater à l'aide du tableau ci-après, sur un total de 503 membres de la Chambre des Députés, aucun parti ne parvenait à disposer, après 1986, de plus de 100 parlementaires et pas moins de quatre partis étaient constitués de seulement un représentant fédéral. En 1999, était légalement enregistrée auprès de la justice électorale une trentaine de partis.

Fragmentation des partis brésiliens, 1986-2001

Nº de députés	1986	1990	1994	2001
100 ou +	1	-	-	-
75 à 99	2	1	1	3
50 à 74	2	1	1	2
25 à 49	3	6	5	2
0 à 24	3	11	10	9
Total de partis :	*11*	*19*	*17*	*16*

Parmi les plus connus des candidats présidentiels aux élections de 1989, certains étaient identifiés avec le système politique en place, comme étant eux-mêmes des “politiciens professionnels” ou comme représentants des courants conservateurs longtemps actifs dans le panorama politique brésilien : ainsi les candidats du Parti du front libéral (PFL), du Parti travailliste brésilien (PTB), du PDS (ancien soutien du régime militaire) ou même le candidat du plus grand parti national, le PMDB, “vieux routier” de la politique et deuxième figure de la République, Ulysses Guimarães. D’autres candidats, en revanche, se rangeaient du côté de l’opposition, comme ceux du Parti démocrate travailliste (PDT) et du PSDB (du courant social-démocrate), ou encore comme celui de l’Union démocratique ruraliste (candidat d’extrême droite dont le seul but était le blocage de la réforme agraire).

La campagne électorale s’est déroulée dans une situation de crise économique et de changements politiques dans le système international, avec la chute du mur de Berlin et la déroute du socialisme. Le candidat des forces conservatrices qui est passé au second tour (Collor) s'engageait à mettre le Brésil dans le club des "pays riches", celui de l'opposition travailliste traditionnelle (Brizola) agitait le problème des "pertes internationales" provoquées selon lui par une "spoliation déchaînée" de la part des multinationales, tandis que le candidat ouvrier (Lula) promettait de mobiliser les pays en développement dans l'application d'un moratoire bien mérité contre les banquiers internationaux. Le FMI était encore l'objet le plus fréquent dans la "démonologie électorale", le problème de la dette extérieure suscitait les solutions les plus surprenantes et le capital étranger était accueilli avec des réserves par la plupart des candidats.

Ce sont finalement deux candidats "anti-système", tous les deux originaires du Nord-Est mais l'un de droite, l'autre de gauche, qui se sont retrouvés au deuxième tour de l'élection présidentielle : Fernando Collor de Mello, fils de l'élite traditionnelle et privilégiée, défendant une coalition hétéroclite de petits partis sans véritable base politique, et Luis Inácio "Lula" da Silva, élevé dans les banlieues ouvrières de São Paulo, leader du Parti des Travailleurs (PT), bénéficiant de solides appuis dans les milieux syndicalistes et soutenu par deux minuscules partis, le Parti Socialiste Brésilien (PSB) et le Parti Communiste du Brésil (PCdoB), de tendance maoïste.

Fernando Collor de Mello est pratiquement inconnu de la population lorsque, à la tête d'un petit parti tout aussi inconnu, le Parti de la Rénovation Nationale (PRN), il débute sa campagne contre les privilégiés de l'administration publique, ceux qu'on appelait des “maharadjahs”. Disposant cependant, lorsqu’il commence à grimper dans les sondages d’opinion, du soutien massif des milieux d’affaires et des média (notamment la télévision), et affichant la volonté de réformer de fond en comble l’économie et les mœurs politiques corrompues du pays, il sera élu, à la mi-décembre 1989, avec quelques points d’avance sur son adversaire.

Au début de la dernière décennie du siècle, le Brésil partait pour l’inconnu, armé de grands espoirs et peu préparé à affronter une nouvelle déception. Fernando Collor de Mello semblait surtout rassurant aux yeux des hommes d’affaires et de la classe politique traditionnelle, lesquels craignaient par-dessus tout l’arrivée au pouvoir d’un candidat issu des milieux ouvriers comme Lula, qui prônait un vaste programme de réformes socialisantes. Collor, de son côté, avec un discours où le rejet des partis allait de pair avec l’ouverture économique, était arrivé à séduire aussi bien les plus riches des entrepreneurs que les plus pauvres des citoyens.

Le successeur de Sarney commence son mandat le 15 mars 1990, dans une atmosphère politique surchauffée par une conjoncture de crise économique et d’accélération de l’inflation (rythme annuel : 2.750%). Ce qui a toujours évité au Brésil, malgré des taux inacceptables pour d’autres économies, de sombrer dans l’hyperinflation, ce sont les nombreux mécanismes d’indexation de son économie qui, depuis le milieu des années 60, permettaient une certaine marge de manœuvre aux agents sociaux.

De grands espoirs étaient cependant placés dans ce jeune président, dont la confirmation par le Congrès a été suivie par des représentants (plusieurs chefs d'État et de gouvernement) de presque 120 pays. Avec son style impérial et autoritaire, Fernando Collor de Mello promettait, sur la base d'un programme d'action nettement réformiste et avec l'aide d'une équipe de ministres pour la plupart jeunes, non seulement d'en finir très vite avec l'inflation, mais aussi d'insérer le Brésil dans le groupe de pays les plus industrialisés du monde : faire entrer le pays dans la "modernité", tel était le maître mot de ses discours.

Pour doter le Brésil d'une économie avancée, il proposait un programme de modernisation de l'État, comprenant notamment la privatisation de nombreuses entreprises publiques. En tant que président, Collor réduit le nombre des ministères de 23 à 12, déclare la suppression du Service National d'Informations – de sinistre réputation lors du régime militaire – place de nombreux fonctionnaires de l'État en disponibilité et commence à aliéner le patrimoine de l'Administration (vente de maisons et de véhicules de l'Exécutif).

C'est dans le domaine économique toutefois que l'impact a été le plus fort, un tel degré d'intervention de l'État dans le système économique n'ayant pas été atteint depuis la mobilisation des ressources nationales pendant le Seconde Guerre mondiale. Un "choc" économique est tout de suite tenté pour éliminer l'inflation : il s'agit notamment du gel des avoirs financiers (comptes courants et placements), du gel des prix et des salaires et du changement de la monnaie, qui s'appelle à nouveau *cruzeiro*. Certaines mesures sont jugées anticonstitutionnelles, mais la gravité de la situation économique réduit aussi bien les alternatives que l'opposition au Plan. Une liste des premières entreprises publiques devant être privatisées – toutes des "poids lourds" du secteur sidérurgique et pétrochimique – est aussitôt diffusée.

Mais le gouvernement ne parvient pas à réduire les causes du déficit budgétaire, n'ayant pas réussi en même temps, à cause des contraintes constitutionnelles, une véritable réforme fiscale ni à obtenir la démission des fonctionnaires considérés comme "superflus". Les différents indices de l'inflation, calculés par des institutions indépendantes, donnent des chiffres contradictoires et les grèves se multiplient dans les secteurs privé et public. Le *Plan Collor* commence à présenter les premières fissures et les relations du Président avec les milieux d'affaires et la classe politique se tendent dangereusement. Le président, passant outre les institutions et dénonçant les "élites", préfère lancer des appels populistes aux citoyens, par dessus le Congrès et en ignorant totalement les politiciens.

Avec le retour de l'inflation et l'échec du premier plan d'ajustement, on introduit, en février 1991, le *Plan Collor II*, dont l'unique résultat est le remplacement du ministre de l'Économie, la jeune économiste de São Paulo, Zélia Cardoso de Mello, par le très compétent diplomate, intellectuel et banquier de Rio de Janeiro, Marcílio Marques Moreira. Une réforme ministérielle va aussi porter au Gouvernement quelques noms très respectés dans les milieux intellectuels ou dans la société civile, comme Celso Lafer aux Affaires Étrangères, Hélio Jaguaribe à la Science et la Technologie, Sérgio Paulo Rouanet à la Culture et Adib Jatene à la Santé, qui rejoignent José Goldemberg, responsable de l'Éducation (bientôt, aussi, à la tête du ministère de l'Environnement).

Le nouveau ministre de l'Économie parvient à rétablir la confiance des entrepreneurs et du capital étranger dans la capacité de gestion du gouvernement, mais sa politique orthodoxe en matière monétaire ne réussit pas à juguler l'inflation, vite doublée d'une crise économique qui réduit dramatiquement les chances de croissance. Des tentatives de réforme constitutionnelle, en vue surtout d'accomplir une restructuration fiscale et la démonopolisation de certains secteurs, échouent devant l'absence de base politique du gouvernement au Parlement. Si les rapports avec la finance internationale s'améliorent, notamment grâce à un accord portant sur les créances officielles dans le cadre du Club de Paris, le Brésil n'arrive toujours pas à boucler ses comptes pour parachever un accord d'ajustement ("lettre d'intention") avec le Fonds Monétaire International et trouver ainsi une solution plus durable au problème de sa dette commerciale.

Des affaires de corruption, liées à l'ancien trésorier de campagne du président Collor, mais qui remontent jusqu'à lui, commencent à faire surface dès la deuxième année de son mandat : elles mettront à rude épreuve la démocratie brésilienne, qui en sortira néanmoins renforcée. En effet, entre mai 1992, lorsque les accusations sont lancées par le propre frère du président, et le 29 décembre de cette même année, quand Collor renonce au pouvoir, en plein milieu de son jugement par le Sénat, le système institutionnel, la classe politique et la société tout entière vont vivre de constants bouleversements.

Des manifestations gagnent toutes les grandes villes du pays, la population demandant plus de morale dans la politique et, bien sûr, le départ de Collor. Après les travaux d'une Commission parlementaire d'enquête, qui trouve de suspects mouvements financiers (portant sur des millions de dollars) dans des comptes fantômes, servant aux dépenses personnelles démesurées du président et de sa famille, la Chambre des Députés se prononce, le 29 septembre 1992, pour l'ouverture de la procédure d'impeachment contre Collor.

Celui-ci est suspendu par le Congrès et immédiatement remplacé par le vice-président Itamar Franco. Conformément à la Constitution, Franco devient le Président effectif quand la procédure d'impeachment, portée devant le Sénat, aboutit contre Collor de Mello, qui a cependant présenté sa démission quelques heures auparavant, le 29 décembre 1992. Les institutions de la République et la démocratie brésilienne elle-même sortent renforcées de cette crise politique, extrêmement médiatisée et débattue jusque dans les rues, mais qui s'est pourtant déroulée dans une atmosphère de calme et de ferveur civique.

Si, à la fin du gouvernement Collor, la lutte contre l'inflation et l'entrée dans la "modernité" demeurent deux objectifs encore à atteindre, il ne faut pas pour autant négliger d'autres réalisations positives qu'il convient de mettre légitimement à son compte. Tout d'abord, il faut reconnaître que l'équilibre fiscal est, au Brésil, un objectif difficile, du fait de dispositions constitutionnelles qui imposent un certain nombre d'affectations ou de transferts mandatés en faveur des États et des municipalités. Le fait que Collor ait réussi, même au prix de décrets autoritaires, à faire accepter par une grande partie de la société, y compris les industriels protectionnistes, la nécessité d'une ouverture commerciale et les bienfaits de la compétition sur les marchés internationaux constitue un résultat qui sans doute a contribué à insérer davantage le Brésil dans les grands courants mondiaux de l'économie moderne.

Le programme de réforme tarifaire, commencé en octobre 1990 et achevé en juillet 1993, ramène les droits d'entrée appliqués à l'importation de 43% en moyenne en 1989 (avec des pics tarifaires de 105%, voire 200% pour certains biens) à environ 14% en 1994. Cela oblige les industriels à se préoccuper aussi de la compétitivité de leurs produits à l'intérieur des frontières nationales, chose impensable jusqu'alors. L'ouverture de l'économie brésilienne, quoi qu'en disent les anciens bénéficiaires du protectionnisme, a permis d'abaisser les prix relatifs de biens industriels proposés à la population et, en outre, d'éliminer des sources de friction commerciale (et politique) avec le principal partenaire individuel du Brésil, les États-Unis, tout en facilitant les négociations commerciales multilatérales dans le cadre de l'Uruguay Round. Mais, faute de base politique, cette ouverture n'a pu être étendue aux secteurs encore soumis à des restrictions concernant les investissements étrangers directs.

En matière de politique extérieure aussi, les réalisations ne sont pas minces, et au premier chef, le changement d' attitude en ce qui concerne la politique nucléaire, avec une déclaration unilatérale de renonciation à des explosions nucléaires même à des fins pacifiques. Dans le contexte régional, l'intégration douanière dans le Cône Sud et les accords de sauvegarde nucléaire avec l'Argentine représentent, indéniablement, les deux contributions majeures du gouvernement Collor aux processus de détente militaire et d'union économique dans cette grande région.

13. La démocratie en marche et le défi de la stabilisation économique

Outre les préoccupations sociales du président lui-même, le gouvernement Itamar Franco marque le retour de la croissance, des tentatives d'ajustement fiscal, ainsi que la poursuite du programme de privatisations, quoiqu'à un rythme plus modéré. Il s'est taillé notamment une réputation d'intégrité qui faisait défaut au système politique brésilien. Sa plus grande réalisation reste l'introduction d'un Plan de stabilisation fondé sur le réalisme et la flexibilité, dont le maître d'oeuvre, le ministre des Finances Fernando Henrique Cardoso, deviendra président de la République au début 1995.

L'inquiétude personnelle du président Franco à l'égard de la détérioration des conditions de vie de la population et même son impatience devant la hauteur vertigineuse des taux d'intérêt expliquent peut-être le changement rapide, au début de son administration, de plusieurs ministres des finances et de présidents de la Banque Centrale. En dépit des tentatives depuis la présidence Collor, l'inflation reste élevée pendant toute la première moitié des années 1990, atteignant même un rythme (près de 40% par mois) qui, dans d'autres pays, se rapprocherait de l'hyperinflation. Elle se trouve quelque peu minimisée, dans ses effets, grâce à l'abondance de mécanismes d'indexation existant dans l'économie brésilienne. En conséquence, le Brésil n'est jamais tombé dans une situation d'hyperinflation, et sa monnaie n'a jamais été remplacée par le dollar, comme dans d'autres expériences d'instabilité économique en Amérique Latine.

Indicateurs économiques, présids. Collor-Franco : 1990-1994

Année	PIB, valeur-croissance US$ milliards	PIB, valeur-croissance % réelle	Épargne % PIB	Taux inflation	Taux chômage
1990	469,3	-4,3	18,0	1.477	4,3
1991	405,7	1,3	11,4	480	4,8
1992	387,3	-0,5	12,9	1.158	5,8
1993	429,7	4,9	14,6	2.708	5,3
1994	543,1	5,9	16,6	1.094	5,1

Source : IBGE

Le nouveau ministre des Finances, Fernando Henrique Cardoso, qui avait assumé les Affaires Étrangères au début de l'Administration Franco et qui passe à l'Économie en mai 1993, entame un Plan de stabilisation en trois étapes, visant non seulement à endiguer mais à éliminer les sources et les pressions inflationnistes dans l'économie. Pour la première fois depuis longtemps, on s'est attaqué d'abord aux causes de l'inflation – le déficit public, principalement – au lieu de tenter, par les mécanismes devenus habituels au Brésil (changement de monnaie et/ou contrôle des prix et salaires), de minimiser ses effets. Après un sérieux effort d'équilibre fiscal, le Plan a consisté, en grande partie, à établir un indexateur unique, l'*Unité Réelle de Valeur* (URV), pour corriger les prix relatifs des différents agents économiques, à la place de la prolifération d'indices à leur disposition auparavant. Cela permit de ramener l'ensemble des prix et tarifs à des valeurs de référence similaires, pouvant servir de points de repère à une société désarçonnée par la course folle entre prix et salaires.

Finalement, passant à la troisième phase du Plan de Stabilisation macro-économique, le Gouvernement a introduit, le 1er juillet 1994, le *real*, nouvelle monnaie nationale. Pour assurer sa stabilité, le *real*, en parité avec le dollar, a une garantie fondée sur les réserves internationales du pays. En outre, avec le remplacement du stock des moyens de paiement en circulation dans l'économie, les autorités de la Banque centrale ont commencé à disposer de la capacité de contrôler la masse monétaire mise à la disposition du public. Le *Plan Real* a restreint l'application de l'indexation monétaire basée sur les indices des prix, prévoyant son utilisation seulement dans les cas où son maintien apparaîtrait comme nécessaire à l'étape de réorganisation du pays. L'indexation, le cas échéant, serait faite exclusivement par la variation cumulée de l'IPC-R (Indice des Prix au Consommateur en *real*), calculé par l'IBGE, l'agence nationale de statistiques.

Le Conseil Monétaire National acquiert de l'autonomie par rapport à sa structure antérieure, étant composé par le Ministre des Finances, qui en est le Président, par le Ministre chef du Secrétariat au Plan et par le Président de la Banque Centrale. Une Commission Technique de la Monnaie et du Crédit fut créée auprès du Conseil Monétaire, ayant pour objectif la coordination des politiques fiscale et monétaire, ainsi que la proposition de mesures susceptibles d'adoption par le Conseil. Le Président de la Banque Centrale, par le biais du ministère des Finances, informe la Commission des Affaires Économiques du Sénat Fédéral sur les prévisions trimestrielles d'émission monétaire, et transmet aux Présidents des deux chambres du Congrès un rapport trimestriel sur l'exécution de la programmation monétaire, comportant en outre un bilan mensuel des émissions en real et des garanties en réserves internationales qui lui sont attachées.

De nouvelles procédures d'élaboration et d'accompagnement du budget ont été mises en place, visant à faciliter un plus grand contrôle et permettant la réduction de la fraude fiscale. Mais l'ajustement introduit par un fonds de stabilisation de décembre 1993 n'était que provisoire (jusqu'à 1995), et une véritable réforme fiscale et tributaire restait nécessaire, de manière à rendre durable l'équilibre budgétaire.

L'État a continué de réduire sa participation dans le secteur productif, par le biais du Programme national de privatisation qui, à partir d'octobre 1991, a commencé à proposer au secteur privé l'ensemble des sociétés d'État des branches sidérurgique et pétrochimique, ainsi que le transfert de quelques autres compagnies dans d'autres secteurs. Parallèlement, le Brésil parvenait, en avril 1994 et sans passer au préalable par un programme d'ajustement négocié avec le Fonds Monétaire International, à la conclusion d'un accord de renégociation de sa dette privée avec les créanciers étrangers, entamant ainsi une nouvelle phase dans ses relations financières internationales. En 1992 il avait déjà renégocié une grande partie de sa dette officielle dans le cadre du Club de Paris.

Dans le domaine de la politique extérieure, le processus d'intégration dans le Mercosul, avec l'Argentine, le Paraguay et l'Uruguay, a continué de se développer de manière satisfaisante, avec la définition d'une zone de libre-échange et d'une union douanière progressive à partir du 1er janvier 1995. Dans le contexte régional, le gouvernement Franco avait lancé, en 1993, le projet d'une zone de libre-échange en Amérique du Sud, qui devrait être achevée dans un délai de dix ans, parallèlement donc aux négociations en vue de la libéralisation commerciale à l'échelle de la région tout entière, conformément au programme qui a été défini lors du premier Sommet des Amériques, qui a réuni à Miami, le 10 décembre 1994, tous les chefs d'État démocratiquement élus du continent américain.

Le gouvernement Franco a présidé encore deux processus institutionnels – un plébiscite et une révision constitutionnelle – et une campagne électorale générale, y compris pour la présidence de la République. À la fin de son mandat, le Brésil comptait près de 95 millions d'électeurs, constituant donc l'une des plus grandes démocraties du monde occidental (en fait, le deuxième corps électoral à l'Occident, après celui des États-Unis, mais le premier par le nombre de votants, du fait que le vote est obligatoire). La croissance du nombre d'électeurs a été très rapide au Brésil, *pari passu* avec l'évolution démographique du pays et l'augmentation de la participation politique.

La situation évolua pourtant de manière très irrégulière tout au long du siècle républicain (pendant l'Empire le régime de vote était encore censitaire). Au début du siècle, par exemple, un président pouvait être élu avec quelques dizaines de milliers de voix seulement, celles des électeurs alphabétisés inscrits, mais la plupart des scrutins étaient parsemés d'irrégularités (ce qui a d'ailleurs justifié les révoltes militaires des années 1920, tout comme le mouvement qui a débouché sur la Révolution de 1930). Le processus de participation politique s'est démocratisé depuis lors, notamment après les trois faits politiques majeurs qui ont été l'introduction du vote des femmes et de la Justice Électorale, pendant le premier régime de Vargas, la concession du droit de vote aux analphabètes en 1986 et son extension aux jeunes de 16 à 18 ans en 1988, de manière facultative dans les deux derniers cas. Le tableau suivant donne une idée de la croissance de l'électorat brésilien et de sa situation à la veille des élections qui ont conduit Fernando Henrique Cardoso à la présidence.

Evolution du nombre d'électeurs brésiliens, 1933-2000
(millions)

Année	*Nombre*	Année	*Nombre*	Année	*Nombre*
1933	*1.466*	1982	*58.616*	1992	*90.222*
1945	*7.459*	1986	*69.371*	1994	*94.000*
1950	*11.455*	1988	*75.813*	1996	*101.284*
1960	*15.543*	1989	*82.075*	1998	*106.101*
1970	*28.966*	1990	*83.817*	2000	*109.826*

Par un plébiscite tenu le 21 avril 1993, conformément à des dispositions constitutionnelles transitoires, le Brésil a confirmé sa volonté de demeurer une république présidentielle, au lieu de choisir un régime de type parlementaire sous une éventuelle monarchie restaurée. En effet, la Constitution de 1988 avait prévu cette consultation concernant la forme – monarchique ou républicaine –

et le système de gouvernement, entre autres motifs parce que beaucoup de ses dispositions institutionnelles étaient d'inspiration plutôt "parlementariste". Néanmoins, le peuple brésilien se prononça en faveur du maintien de la République par 44,3 millions de voix, ainsi que du système présidentiel (37,1 millions), le retour à la monarchie (avec 6,8 millions de voix seulement) et le régime parlementaire (16,5 millions) ayant été largement rejetés.

Par ailleurs, un processus de révision constitutionnelle pendant le premier semestre de 1994 aboutit, entre autres modifications, à la décision d'un mandat de quatre ans (contre cinq auparavant) pour le président de la République. La crainte de la victoire du candidat de gauche a peut-être influencé l'action des parlementaires issus des partis centristes, qui possédaient la majorité dans les deux chambres. Les autres amendements constitutionnels n'ont pas eu d'impact majeur dans le système politique et économique du pays.

D'autres réformes restaient cependant nécessaires pour consolider les bases de la croissance économique et de l'intégration régionale dans un environnement d'ouverture internationale et de stabilisation intérieure. Une réforme fiscale s'avèrait entre autres indispensable pour adapter le fonctionnement de l'État aux contraintes budgétaires issues de la stabilité des prix. En outre, étant donné l'imposante charge représentée par la dette interne, le gouvernement disposait de peu de moyens pour réaliser les investissements sociaux et d'infrastructure nécessaires au développement du pays. Le capital d'origine étrangère était, quant à lui, limité par la Constitution de 1988 dans ses possibilités d'investissements directs : en effet, l'ouverture économique, au moyen d'amendements constitutionnels, n'allait vraiment intervenir que sous le premier gouvernement Cardoso.

Des élections générales, dont celles d'un nouveau président de la République et des gouverneurs des États (en deux tours), ont eu lieu le 3 octobre et le 15 novembre 1994. Au total, neuf candidats à la présidence de la République s'étaient tout d'abord présentés, nombre ramené par la suite à huit, par suite d'un désistement. Le fait que le choix du président coincida avec l'élection de gouverneurs dans tous les États, de deux tiers des sénateurs et de tous les parlementaires fédéraux et des États a rendu ces élections susceptibles d'alliances diverses et donc d'une moindre polarisation par rapport à celles de 1989. La représentation politique a fait l'objet d'un grand renouvellement, avec un début de stabilisation, voire de diminution des partis (alors autour d'une vingtaine, dont six principaux).

La campagne présidentielle de 1994 se déroule dans une période de transition politique et économique. Le Brésil était aussi, sur le front externe, engagé dans le perfectionnement du processus d'intégration régionale, le Mercosul devant passer de la phase de transition (une zone de libre-échange en construction) à une union douanière, avec la définition d'un Tarif Extérieur Commun. Les débats ont quelque peu échappé aux invectives généralement simplistes qui avaient retenti cinq ans auparavant. La politique extérieure a gagné en fait beaucoup plus d'importance dans les débats, reflétant les grandes transformations du système mondial depuis 1989, ainsi que la présence accrue du Brésil sur la scène internationale et régionale, non seulement du fait du Mercosul, mais aussi du fait de sa prétention (discrète, il est vrai) d'obtenir un siège permanent au Conseil de Sécurité, si la réforme de la Charte des Nations Unies s'avérait réelle.

D'autre part, les débats au Parlement, dans la société civile, pendant le processus d'élaboration constitutionelle en 1987-88, ainsi qu'au cours de la révision programmée de la Constitution, en 1993-94, avaient touché au problème de la fin des monopoles d'état et des réserves nationales de marché, en plus du rôle du capital étranger, dans certains domaines réputés stratégiques pour le développement du pays. Ces questions ont pratiquement obligé la plupart des candidats à adapter leurs discours et à prendre position – quelle qu'elle soit – sur les règles appliquées au capital étranger et, en général, sur les relations internationales du Brésil. Mais, c'était bien sûr la politique économique qui se situait au centre des controverses entre les candidats, du fait que l'un d'entre eux était le ministre des finances sortant (Fernando Henrique Cardoso), responsable en tant que tel de la continuité des mesures d'ouverture internationale (réforme des tarifs, modification de la législation sur les brevets, etc.) prises dans la période Collor ainsi que de l'ajustement macroéconomique provoqué par le *Plan Real*, basé sur une parité plus ou moins stable de la nouvelle monnaie par rapport au dollar.

Parmi les principaux candidats à la présidence de la République, certains s'étaient déjà présentés en 1989 : Leonel Brizola, leader du Parti démocratique travailliste, et Luis Inácio "Lula" da Silva, du Parti des travailleurs, pôle important de la vie politique brésilienne. Le parti majoritaire à la Chambre des députés et par le nombre d'États détenus, le PMDB, était représenté à la campagne par son propre président, Orestes Quércia, ex-gouverneur de São Paulo et Sénateur. Le candidat du PSDB (en coalition avec le Parti du front libéral), Fernando Henrique Cardoso, ancien ministre des Affaires étrangères puis des Finances et auteur du Plan de stabilisation, disposait de ce fait même, d'un large appui dans la population.

Le candidat du PT entre en campagne avant tous les autres (d'ailleurs il se préparait à disputer à nouveau la présidence depuis la fin des élections de 1989) et disposait de ce fait d'un certain avantage dans les sondages. Lula commence à voyager au Brésil ainsi qu'à l'étranger, appuyant une coalition de partis de gauche d'Amérique Latine, contraires aux politiques dites "néolibérales" de stabilisation économique. En dépit d'une condamnation générique du soi-disant "consensus de Washington", le candidat du PT a néanmoins développé une plus grande connaissance des options sur le front international. Le PT fut aussi le premier à avoir défini un programme de gouvernement, avec des propositions bien articulées — parfois contradictoires — qui reflétaient un grand débat interne entre les divers courants du parti. Certains groupes, représentatifs de "minorités" (noirs, écologistes, homosexuels ainsi que d'autres groupes d'"exclus" ou "marginalisés") ont réussi à inclure leurs revendications spécifiques dans le programme. Il va sans dire que le candidat du PT et ses alliés dans la coalition de gauche s'opposaient au programme de privatisations, à l'ouverture au capital étranger, à la réforme de la sécurité sociale, ainsi qu'à beaucoup d'autres points inscrits dans le programme d'action du candidat de la coalition "gouverniste".

Le candidat du PSDB présentait dans sa biographie non seulement le titre d'ex-ministre des Finances, mais aussi celui d'ex-ministre des Affaires étrangères, fonction pour laquelle il était naturellement taillé en vertu d'une grande expérience académique, y compris internationale, de sa maîtrise de plusieurs langues, de sa connaissance de la réalité mondiale, de ses contacts dans les milieux politiques et académiques des principaux pays développés et en Amérique Latine et d'une forte orientation vers les questions de politique externe pendant son mandat de sénateur pour São Paulo.

Ancien idéologue de la "dépendance" et du développement industriel basé sur le modèle "cepalien" (la Commission économique des Nations Unies pour l'Amérique latine), le candidat social-démocratique a beaucoup affiné sa pensée pendant les deux décennies suivantes, au point, une fois nommé ministre des Finances, d'avoir recommandé — selon une phrase qu'il a plusieurs fois niée depuis lors — que l'on oublie ce qu'il avait écrit auparavant. À la tête de la diplomatie brésilienne (l'Itamaraty), Fernando Henrique confirme une nouvelle vision pragmatique du système mondial, cherchant alors à associer les entrepreneurs nationaux au processus de décision sur les questions de politique extérieure (*Uruguay Round* du GATT, Mercosul, par exemple).

Certains des concepts manipulés dans son programme de campagne sont révélateurs de la posture internationale que FHC entendait mettre en oeuvre une fois au gouvernement : ils sont exprimés par les notions d'"insertion compétitive dans le monde", de "vocation universelle" du pays (c'est-à-dire, pratiquant une diplomatie tous azimuts), d'"intégration au sein de l'économie mondiale", de "régionalisation ouverte", de "globalisation" et de "démocratisation des relations internationales". Cela signifiait, implicitement, la quête d'un siège permanent au Conseil de Sécurité des Nations Unies, après la réforme de la Charte. Le candidat du PSDB n'a pas non plus caché que ce fut lors de son passage à la tête de l'Itamaraty que fut lancée l'initiative brésilienne d'une "zone de libre-échange sud-américaine", cela sans exclusifs, cependant, car les relations avec les EUA, en tant que partenaire économique le plus important, étaient (et sont) considérées comme prioritaires.

Fernando Henrique Cardoso fut élu, dès le premier tour, en octobre 1994, en recueillant plus de la moitié des votes valables, c'est-à-dire plus du double de toutes les voix données à ses concurrents. Il ne fait pas de doute que l'ancien ministre des Finances a été élu par le *Plan Real*, qu'il avait lui-même mis en oeuvre avec une brillante équipe de jeunes économistes, même si le président Franco en a revendiqué plusieurs fois la paternité.

Cardoso entre en fonction le 1er janvier 1995, dans un contexte politique et économique marqué par la continuation du processus de stabilisation, et il s'attache tout de suite au renforcement et à l'approfondissement des réformes constitutionnelles, tout en proclamant sa volonté d'introduire un peu plus d'équité sociale dans un pays connu pour de graves lacunes en ce domaine.

14. Les deux administrations Fernando Henrique Cardoso : changement de paradigme

Les deux gouvernements du président Fernando Henrique Cardoso (1995-2002) ont été caractérisés, tour à tour, par une série de transformations significatives dans la vie sociale brésilienne, qui probablement peuvent être considérées comme aussi importantes, historiquement, que les modifications introduites pendant le régime Vargas, à partir des années 30, et, avec la même dynamique démocratique, durant la présidence Kubitschek (1956-1961). Par l'ampleur et l'impact ultérieur de l'ensemble de mesures prises au long des huit ans de l'administration FHC, l'héritage réformiste qu'elle laisse peut être considéré, tout simplement, comme un changement de paradigme dans le système politique et, à certains égards, dans la structure de l'économie.

Les changements de forme et de fond ont touché aussi bien l'ordre constitutionnel que le cadre légal de la société, autant l'appareil administratif que le système politique brésilien, pour ne rien dire de la profonde refonte opérée dans les forces productives et dans le mode de conduite des négoces, l'accent mis sur les investissements en éducation ou encore les innovations apportées au discours et à la pratique diplomatique. Dans certains cas, les transformations sont perceptibles – comme celles qui se refèrent à la politique économique et notamment à l'inflation –, mais en d'autres domaines l'impact du "saut paradigmatique" est moins visible et il ne se dévoilera qu'à plus long terme, à l'exemple de certains traits touchant à la mentalité collective, à l'exercice de la citoyenneté ou à la culture brésilienne. Examinons de plus près, tout d'abord, les aspects institutionnels, politiques et économiques de ce processus continu de transformations structurelles, avant de discuter des inflexions dans la politique extérieure du Brésil.

Plusieurs dispositifs de la Constitution de 1988 – surtout dans les titres relatifs à l'ordre économique et financier et dans l'ordre social — étaient conçus pour affirmer l'initiative et la compétence nationales (parfois de l'État lui-même) dans la mise en valeur des ressources naturelles du pays ou dans l'administration de certaines activités économiques, d'où les restrictions à l'entrée du capital étranger dans les secteurs considérés comme stratégiques du point de vue du développement national. Le titre relatif à l'organisation de l'État, d'autre part, attribuait à l'Union l'exploitation, directement ou au moyen de concessions, des services publics de télécommunications (ceux-ci, auparavant, concédés seulement à des "entreprises sous contrôle de l'État"), de diffusion audio-visuelle, de production et distribution d'électricité, de navigation aérienne, de transport ferroviaire et par voie navigable, mais aussi celui routier national et international, tout comme les ports maritimes, fluviaux et lacustres (art. 21). C'est à ces dispositifs que le président Cardoso s'est attaqué tout de suite, au moyen d'amendements constitutionnels, conscient du fait que de nouveaux investissements étrangers étaient essentiels pour entamer une nouvelle phase dans le processus de développement industriel et technologique du Brésil.

C'était le cas, par exemple, de l'article 170, prévoyant un "traitement de faveur pour les entreprises au capital national de petite dimension", ainsi que de l'article 171, dont la définition d'"entreprise brésilienne de capital national" ouvrait la possibilité, pour les pouvoirs publics, de "concéder protection et bénéfíces spéciaux temporaires pour développer des activités considérées stratégiques pour la défense nationale ou nécessaires au développement du Pays". Ce même article autorisait la loi à établir des conditions relatives au contrôle national effectif sur les activités technologiques de ces entreprises brésiliennes de capital national (c'est-à-dire protection et réserve de marché) ainsi que des "préférences" dans l'acquisition de biens et de services par le pouvoir public. L'article 172, de son côté, remettait à une "législation appropriée" la discipline sur les investissements et réinvestissements étrangers et le rapatriement des profits, "sur la base de l'intérêt national". La recherche et l'exploitation des ressources minérales, selon l'ancienne rédaction de l'article 176, "ne pourront être effectués... que dans l'intérêt national, par des Brésiliens ou par une entreprise brésilienne à capital national", les autres compagnies étant soumises à un délai de quatre ans, à partir de la promulgation de la Constitution, pour s'adapter à ces exigences (art. 44 des Dispositions Transitoires), ce qui conduisait à des désinvestissements. La Constitution établissait encore que la loi réglérait "la prédominance des armateurs nationaux et des navires de pavillon et registres brésiliens", réservant également aux embarcations nationales la navigation de cabotage et fluviale, en plus de l'exigence de la nationalité brésilienne dans les cas des armateurs, des propriétaires et commandants et de deux tiers du personnel (art. 178). Finalement, les "conditions pour la participation du capital étranger" dans les institutions financières du Pays devraient être réglées par une loi complémentaire (encore inexistante), en tenant compte des "intérêts nationaux" et des "accords internationaux" (art. 192).

La plupart de ces dispositifs à caractère protectionniste, dirigiste ou discriminatoire envers le capital étranger seraient éliminés ou modifiés par une série d'amendements constitutionaux en 1995 et en 1996, tandis que d'autres – le monopole étatique dans l'exploitation du pétrole, par exemple – ont été "flexibilisés", de manière à permettre l'entrée de compagnies étrangères dans le secteur. Un premier amendement constitutionnel, du 15 août 1995, modifia l'article 25, en concédant aux États la faculté d'"exploiter directement, ou au moyen de concession [éliminant ici la référence à l'« entreprise d'État »], les services locaux de gaz", supprimant, donc, l'un des monopoles d'État les plus traditionnels dans le domaine des services publics. L'amendement constitutionnel 6, à la même date, s'est attaqué à la discrimination (capital national) contenue dans l'article 170, tendant à déterminer que le traitement favorable s'appliquerait "aux entreprises de petite dimension constituées selon les lois brésiliennes", en adoptant une formule qui serait reprise dans les autres amendements qui ont modifié des dispositifs touchant à l'ancienne distinction entre entreprise brésilienne et entreprise nationale. Ce fut le cas, par exemple, de l'exploitation de ressources minérales, auparavant réservée, selon l'art. 176, aux entreprises brésiliennes "de capital national".

Plus important encore, ce même amendement 6 a tout simplement supprimé l'article 171 dans sa totalité, alors que celui-ci constituait le noyau dur de la discrimination envers le capital étranger. En ce qui concerne la navigation de cabotage et la nationalité des armateurs, l'amendement constitutionnel 7 soumet la question à la loi ordinaire, qui devrait établir les conditions selon lesquelles "le transport de marchandises pourrait être fait par des embarcations étrangères". L'amendement 8, sur les services de télécommunications, qui ont été effectivement ouverts aux entreprises étrangères, sous contrôle d'une agence de régulation, chargée d'établir la concurrence où régnait le monopole d'État, est allé dans le même sens. Finalement, l'amendement 9, en novembre 1995, a assoupli le monopole de l'Union sur le pétrole, ouvrant son exploitation à des entreprises privées et éliminant l'exclusivité de la Petrobras.

Le programme de privatisation a été rapidement étendu et accéléré, notamment dans le domaine de l'énergie, des mines (avec la privatisation de Vale do Rio Doce) et dans les télécommunications, où des investissements énormes ont complètement modifié le paysage de l'offre, répondant à une demande longtemps réprimée, aussi bien en termes de téléphones fixes, cellulaires ou de services de transmission de données. Le Brésil est vite devenu un des pays d'élection du capital étranger, contribuant, par des flux directs, à compenser les déficits de la balance commerciale du fait de la surévaluation du *real* au début du programme d'ajustement macroéconomique.

Indicateurs économiques de la présidence FHC : 1995-2002

	PIB, valeur-croissance		Épargne	Inflation	Chômage
Année	**US$ milliards**	**% réelle**	**% PIB**	**% An**	**% PEA**
1995	705,4	4,2	20,3	21,9	4,4
1996	775,5	2,6	18,0	9,1	5,2
1997	807,8	3,2	17,7	4,3	5,1
1998	787,5	0,1	17,2	2,5	7,2
1999	529,4	0,8	16,0	8,4	7,3
2000	588,0	4,3	17,7	5,2	7,6
2001	503,9	2,5	-	9,4	6,4
2002 *	490,7	2,4	-	4,7	6,0

Source : IBGE ; * prévision

Le *Plan Real* a été un succès en ce qui concerne le contrôle de l'inflation, même si le haut niveau des taux d'intérêt et la rigidité du change, à son début, ont défavorisé la croissance et les exportations et exposé l'économie à des attaques spéculatives lors de la crise financière déclenchée en Asie, en 1997, et qui s'est étendue à la Russie en 1998 pour finalement toucher le Brésil au mois d'octobre. Le Brésil a pu alors bénéficier d'un plan d'appui financier de quelques 42 milliards de dollars, composé de crédits *stand-by* du FMI et des financements des banques multilatérales de développement (Mondiale, Interaméricaine) ainsi que d'un groupe de 20 pays membres de la Banque des Règlements Internationaux, à commencer par les EUA. Même dans ces conditions, le régime de change s'est vu attaqué une nouvelle fois, ce qui a obligé au changement du régime fixe, en janvier 1999, sous pression d'une forte dévaluation imposée par les marchés. L'économie du Brésil vit depuis lors dans un régime de change flottant, la Banque Centrale ayant adopté le système appelé *inflation targeting* pour la défense du pouvoir d'achat de la monnaie. La flexibilité du change a été positive et a rétabli la confiance et ramené l'économie sur le chemin de l'expansion, qui a pu par ailleurs bénéficier d'une forte croissance dans le taux de productivité (qui était devenu négatif dans les années 1980).

La nouvelle ambiance favorable à la reprise du processus de développement fut aussi permise par la continuité des réformes entreprises depuis le début de l'administration Cardoso, aussi bien dans le domaine de l'État (réformes administratives, de la sécurité sociale, Loi de Responsabilité Fiscale etc.), que dans des secteurs touchant la société tout entière : infrastructure, communications, système financier, éducation, science et technologie, commerce extérieur. La sécurité sociale, tout particulièrement, constituait une bombe à retardement, dont le démontage ne fut d'ailleurs pas facile, étant donné les intérêts en jeu et l'inclinaison naturelle des politiciens – de tous les partis confondus – pour le populisme social. Il s'agissait, dans le cas du secteur privé, de rendre le système équilibré, en rapportant les bénéfices aux contributions effectives et en modulant l'âge de la retraite, et, dans le secteur public, de corriger les abus cumulés depuis de nombreuses années sous forme de privilèges corporatifs en faveur de certains groupes (y compris les parlementaires eux-mêmes).

En ce qui concerne la réforme administrative, un nouveau régime d'admission tend à rapprocher le système public des contrats du secteur privé, à l'exception des carrières typiques de l'État (justice, diplomatie, forces armées). L'intention implicite de la fin de la stabilité des nouveaux employés de l'État fut aussi celle de soumettre les bénéfices des pensions futures aux limites imposées au régime de la sécurité sociale en vigueur pour le secteur privé.

L'objectif majeur de ces mesures était, bien sûr, une fois de plus, celui de combattre le déficit fiscal, source traditionnelle d'émissions monétaires irresponsables et donc d'inflation, à côté de la duplicité des budgets (aussi bien au niveau fédéral qu'étatique et municipal) et de facilités existantes auparavant pour "créer" de la monnaie (au moyen, par exemple, des banques provinciales). Le choc créé par l'élimination de l'inflation a mis à jour la situation calamiteuse de la plupart de ces banques, qui furent soumises à l'intervention de la Banque Centrale et privatisées par la suite. Certaines banques privées ont été aussi mises en difficulté par la fin brusque de l'inflation (et des gains associés à la manipulation des valeurs en caisse), mais un programme (PROER) établi par les autorités monétaires dès le début du gouvernement FHC a permis leur assainissement et la vente des actifs des banques en régime d'intervention, de telle sorte que le secteur bancaire brésilien n'a pratiquement pas été touché lors des graves crises financières qui ont frappé l'Asie à partir de 1997.

Une Loi de Responsabilité Fiscale est venue compléter, en 2000, le nouveau système de contrôle des dépenses publiques : elle établit des limites pour les paiements du personnel, pour la dette publique, ainsi que pour les dépenses courantes (particulièrement surveillées en périodes électorales) et les investissements futurs, qui ne pourront être programmés à moins d'une indication précise quant à leur source de financement. Il s'agit surtout d'un code de conduite qui, plus que l'unification des budgets au sein de l'administration, doit changer radicalement les méthodes de gestion publique ainsi que la manière même de faire de la politique au Brésil.

En fait, c'est à un changement de culture politique que le Brésil a assisté au cours des deux administrations FHC, en remplaçant l'ancien "État assistant" et entrepreneur de la période Vargas par un État "gestionnaire", non plus responsable du développement, mais simplement promoteur et régulateur de ce processus. Ainsi, à côté des agences déjà créées à la suite de programmes sectoriels de privatisation – télécommunications, énergie électrique, pétrole – ou en vue d'améliorer le rôle de l'État dans certains domaines – à l'exemple de l'agence pour le contrôle sanitaire ou celle de santé –, le gouvernement proposait et, dans certains cas, le parlement discutait déjà la création d'un certain nombre d'autres agences spécialisées, notamment dans le domaine des transports (routier, aérien), de la poste, des eaux, tout comme pour réguler la prévoyance supplémentaire. Non moins important, un changement historique est intervenu au début de la deuxième administration Cardoso, sous la forme d'un nouveau ministère de la Défense, en ramenant les trois forces au rang de commandements. Cela représente probablement la fin définitive d'un rôle politique qui avait été assumé par les militaires, surtout de l'Armée de Terre, de manière constante tout au long de la République.

Néanmoins, des lacunes subsistent dans le surprenant activisme réformiste du président Cardoso, notamment en ce qui concerne le système politique lui-même – réfractaire à la correction de certaines déformations électorales ou du fonctionnement de la vie parlementaire et partisane – et la structure des impôts. Pour ce qui est du premier point, il s'agit sûrement d'une matière extrêmement complexe, qui se situe au coeur même du peu d'ancrage de la démocratie au Brésil, appauvrie par un déficit flagrant en ce qui concerne la participation citoyenne, la responsabilité des hommes publics – ce que la terminologie politique anglo-saxonne appelle *accountability* – et le fonctionnement de la machine administrative, surtout au niveau local et provincial. La corruption et le gaspillage des fonds publics peuvent être directement liés aux déformations de la représentation et à l'absence de contrôle institutionnel sur l'action des hommes publics. Mais, l'absence de réforme politique, qui n'est pas due au manque de volonté présidentielle, empêche aussi l'amélioration des relations entre les pouvoirs exécutif et législatif, d'où les accusations réciproques autour de l'utilisation, parfois abusive, des “mesures provisoires”, ces décrets présidentiels, prévus dans la Constitution et qui ont force de loi, à moins d'être refusés par le Congrès. Le gouvernement Cardoso laisse la réforme politique en héritage à son successeur.

De même, la réforme de la fiscalité est rendue difficile du fait que la Constitution de 1988 a été construite sur un délicat équilibre entre la fédération, les États et les municipalités en ce qui concerne la répartition des recettes des différents et multiples impôts, taxes, droits, contributions et autres charges fiscales créées par l'imagination toujours fertile des politiciens et des technocrates. Le système, en plus d'être régressif et socialement inéquitable – puisqu'il taxe, par des impôts indirects, plus lourdement les produits que les rentes et profits, frappant donc plus fortement les pauvres –, a des effets spécialement pervers sur le système productif, a fortiori les impôts “en cascade” comme celui dit “transitoire” (mais appelé à durer) sur les transactions financières. Un consensus sur une nouvelle structure ainsi que sur la forme de répartition d'un nombre plus réduit d'impôts s'est révélé impossible au cours des deux mandats du président FHC, qui laissera donc ce problème à son (ou à ses) successeur(s). Un accord ne sera cependant pas facile, non seulement parce que tout régime de transition vers moins d'impôts provoquerait des difficultés dans les budgets des Etats (appelés à renoncer à l'imposition indirecte sur les produits destinés à l'exportation), mais aussi parce que les gouverneurs ne sont pas en mesure de laisser la fédération toute seule contrôler le recouvrement d'une taxe uniforme sur la valeur ajoutée (aujourd'hui l'impôt sur les produits est variable selon les catégories et les États, laissant une certaine marge pour la "guerre fiscale" entre eux).

La seule réforme politique d'une certaine ampleur que Cardoso a réussi à mettre en œuvre l'intéressait directement, puisqu'elle concernait la reconduction du mandat présidentiel, thème tabou depuis le début de la République. Après une discrète mais incontestable pression du palais présidentiel sur le Congrès, FHC a obtenu, par un amendement constitutionnel passé en juin 1997, le droit de renouveler son mandat une fois, en se plaçant tout de suite à la tête de tous les autres concurrents lors des élections de 1998.

En effet, le président Cardoso est parti vainqueur depuis le début, ayant bénéficié de la stabilité monétaire et de la valorisation de la monnaie qui en ont resulté du *Plan Real*. Les retombées de la crise financière en Russie, en août 1998, qui a touché tout de suite après le Brésil, ne l'ont pas empêché de l'emporter à nouveau, dès le premier tour, contre une dizaine d'autres candidats. Les principaux partis, néanmoins, avaient constitué de larges coalitions, dont celle qui a présenté pour la troisième fois Lula da Silva, déjà "vétéran" des campagnes de 1989 et 1994.

Le PMDB n'a pas eu de candidat propre, en fonction de divisions internes qui en ont empêché l'ex-président Itamar Franco – désormais se présentant comme "adversaire" de FHC – d'enregistrer la sienne. Le plus grand parti au Congrès s'est aligné alors sur le PSDB et le PFL dans l'appui à Cardoso. Un seul autre candidat disposait de certains atouts dans le jeu politique, l'ex-gouverneur du Ceara et ex-ministre des finances Ciro Gomes, dont le programme d'action était fort critique quant à la politique économique de FHC, surtout en matière de régime de change. En fait, en raison de l'atmosphère de crise financière qui a dominé la période critique de la campagne électorale, ce furent les débats publics et les interventions télévisées, moins que les programmes d'action préparés à l'avance, qui ont agité le spectre d'une débâcle financière du Brésil. Chaque candidat a essayé de "vendre" sa propre vision sur les effets économiques et sociaux de l'instabilité internationale, la solution "idéale" pour la parité du change et pour la correction du déséquilibre de la balance des paiements ainsi que la correction des conséquences de ces chocs externes sur le niveau de l'emploi.

Confrontés à l'inconnu économique ou à des promesses quelque peu risquées sur le plan social, les électeurs ont préféré réélire celui qui promettait le maintien des règles et surtout la préservation du taux de change. Cardoso a été reconduit par un vote écrasant tous ces adversaires. Entrant en fonction le 1er janvier 1999, il dut administrer, tout de suite après, une dévaluation presque catastrophique du *real*, en partie provoquée par une menace de moratoire de la dette publique de celui qui se considère lui-même comme ennemi personnel de FHC, l'ex-président, et désormais gouverneur de Minas Gerais, Itamar Franco.

Les pires prévisions faites au moment de la dévaluation du *real* – inflation de 50%, récession de -3%, par exemple – ne se sont cependant pas réalisées, le Brésil ayant entamé tout de suite après un nouveau cycle de croissance en régime d'inflation contrôlée. Pour cela ont contribué aussi bien la tendance déjà déclinante du cycle économique au Brésil et son comportement positif aux EUA, que l'adoption ordonnée du système d'*inflation targeting*, ainsi que la protection assurée par un programme d'aide financière du FMI. Le taux de croissance est vite passé de zéro en 1998-1999 à plus de 4% en 2000, tandis que l'excès de dévaluation du change du début 1999 put être résorbé progressivement dans les mois qui suivirent. Au premier semestre 2001, cependant, la crise toucha à nouveau l'Argentine, grand client commercial et, surtout, partenaire important dans le projet du Mercosul, provocant des retombées au Brésil, tant dans le domaine du taux de change du *real*, qui a fortement chuté une fois de plus, que dans celui des investissements étrangers, dont les deux pays restent dépendants à cause de leur compétitivité insuffisante sur les marchés mondiaux. Au mois de septembre 2001, fut annoncé un nouveau programme d'aide du FMI, valable jusqu'à décembre 2002 et prévoyant un montant supplémentaire de 15 milliards de dollars, remplaçant l'accord de novembre 1998 qui venait à expiration en novembre 2001.

Le deuxième mandat de FHC devait être marqué par l'accomplissement des réformes structurelles déjà à l'ordre du jour lors du premier : l'achèvement de la réforme de la sécurité sociale, le passage d'un nouveau système fiscal caractérisé par moins de tributs et l'élargissement de l'assiette (ainsi que le dégrèvement des activités économiques liées à l'exportation), la continuité de la réforme administrative et de la réorientation du rôle de l'État vers moins de dirigisme et plus de régulation. En fait, la période fut caractérisée par des dénonciations en série d'affaires de corruption, moins dues à la connivence du gouvernement que reflétant la responsabilité directe d'agents individuels de l'État (surtout dans le Judiciaire et le Législatif), dévoilés par l'activisme exemplaire d'une presse dynamique et par le nouveau climat d'intolérance générale des citoyens envers des pratiques connues dans le passé.

Des progrès substantiels ont été néanmoins accomplis dans le domaine social et dans celui de l'infrastructure. Une expansion notable du système éducatif, combinée à des programmes d'éradication de la misère et de l'exclusion sociale, signale peut-être le début de la baisse du taux anormalement élevé de concentration de la richesse. Pour ce qui est de l'infrastructure, la conception du programme "Avance Brésil" – des projets d'intégration du territoire à un réseau de transports sur routes, canaux, des lignes de transmission et de communication, sur des axes de développement des nouveaux espaces dans l'immense cœur du pays – est marquée moins par le gigantisme des oeuvres publiques caractéristiques de la période militaire que par une combinaison judicieuse de ressources publiques et d'investissements privés.

15. L'insertion internationale du Brésil : Mercosul et projets régionaux

Dans le domaine des relations internationales et de la politique extérieure du Brésil, le gouvernement Cardoso, préparé et rompu aux dossiers par son expérience antérieure aux Affaires étrangères, a été caractérisé par une redéfinition des priorités nationales et l'affirmation marquée de la vocation régionale, processus déjà entamé par le président Sarney à partir de 1985. Le Mercosul, l'association commerciale, la coopération économique et la coordination politique de tous les pays dans le Cône Sud américain constituent bien sûr les éléments stratégiques de l'action de l'État pendant toute la décennie 1990, mais la construction d'un espace intégré dans toute l'Amérique du Sud acquiert aussi une signification nouvelle face aux initiatives lancées dans l'hémisphère Nord et tendant à englober tout le continent.

Une attitude positive envers le processus de globalisation et l'interdépendance économique –contrastant avec l'expérience historique de maintien de l'"autonomie nationale" – confirment FHC comme un partenaire fiable des leaders de la Troisième Voie, un groupement politique de consultation composé de sociaux-démocrates nouvelle manière plus ou moins identifiés au G-7 au plan économique. La diplomatie brésilienne montre des visages multiples, par rapport à l'accent mis par la vieille diplomatie dans les relations principalement bilatérales – spécialement avec les EUA –, en complément de l'action réputée de qualité des cadres traditionnels de l'Itamaraty : ces facettes sont la diplomatie régionale, la diplomatie multilatérale économique et scientifique (surtout dans le domaine de l'OMC et des forums sur l'environnement) et la diplomatie présidentielle, exécutée avec maestria par un internationaliste convaincu, totalement à l'aise dans le grand monde des conférences mondiales, par un sociologue distingué, en condition de surclasser intellectuellement bon nombre de ses interlocuteurs.

Les changements d'ordre politique, économique et proprement diplomatique dans les relations internationales du pays, pendant la période, ont été si variés, et d'une telle magnitude, que toute tentative de faire un bilan des "questions importantes" court le risque d'ignorer des problèmes majeurs d'un ordre du jour international extrêmement complexe et en diversification croissante, aussi bien sur le plan multilatéral que dans les différents domaines des relations bilatérales.

Il est vrai que depuis le début des années 1990, le problème de l'alignement à la puissance dominante en Occident – plutôt désalignement dans le cas du Brésil –, posé avec acuité pendant la période de la Guerre Froide, n'avait plus de signification pour la diplomatie de la "nouvelle République"; cette question ne fut en fait opérationnelle que pendant une courte phase au début du régime militaire. Plus que jamais, la politique extérieure du Brésil est devenue une diplomatie du développement et se présente comme une politique économique des relations internationales. Il ne pouvait pas en être autrement, à en juger par le "cahier des charges" de la diplomatie brésilienne.

Avec peu d'exceptions, toutes les grandes questions de politique intérieure du Pays – industrialisation, investissements, finances publiques, criminalité et blanchiment d'argent, protection de l'environnement, santé de la population, défense et politique énergétique (en commençant par le pétrole, en passant par l'ancien programme nucléaire, ressources de la biodiversité et en finissant par la politique pour l'informatique), modernisation technologique, productivité agricole et industrielle etc. – sont aussi, et avant tout, des questions de politique extérieure de la Nation. L'intégration régionale arrive aujourd'hui en tête des priorités nationales et la raison est peut-être plus politique que proprement économique ou commerciale, dans le sens où l'option pour la constitution d'un marché commun avec l'Argentine et les voisins du Cône Sud fut une décision d'ordre stratégique, prise la première fois par Sarney et confirmée et élargie par FHC, qui lui a donné le contenu sud-américain qui lui faisait défaut. Elle est la face la plus visible, aujourd'hui, de la diplomatie du développement.

Même si le Mercosul n'a pas encore réussi à développer tout son potentiel économique – le projet d'un marché commun en 1995 s'étant en fait converti en zone de libre-échange incomplète et une union douanière en formation, en raison des différences de niveau de développement industriel entre les membres – il reste au centre des objectifs diplomatiques brésiliens, servant de levier politique dans les relations avec l'Union Européenne et comme monnaie d'échange économique dans les négociations commerciales pour la formation de la ZLEA, la zone de libre-échange des Amériques, proposée par les EUA mais envisagée avec beaucoup de réticence par la diplomatie brésilienne.

L'autre grande décision d'ordre stratégique assumée par FHC en politique étrangère fut celle d'abandonner la traditionnelle position de la diplomatie professionnelle – et des militaires – de refus du Traité de Non-prolifération nucléaire (depuis sa naissance, en 1968) pour accepter, en 1996, la dure réalité de son caractère discriminatoire envers les nations dépourvues de l'arme suprême, par rapport aux "privilèges" des puissances nucléaires. Il est vrai que cette démonstration de *Realpolitik* avait été inaugurée au début de la décennie, par Collor de Mello, qui avait décidé de renoncer à toute utilisation non pacifique de l'énergie nucléaire, ainsi que de guider le programme spatial brésilien vers une exploitation presqu'exclusivement à caractère commercial. L'entrée au club restreint du MTCR – le régime de contrôle de la technologie des missiles – avait couronné ces options de la diplomatie brésilienne.

Le principal partenaire économique du Brésil est, depuis les années 1960, la Communauté Économique, aujourd'hui Union Européenne, mais le pays le plus important sur le plan individuel reste bien sûr les EUA : les relations généralement bonnes avec la superpuissance américaine n'empêchent pas l'apparition de nombreux conflits, le plus souvent liés à des questions commerciales (protectionnisme dans l'accès de certains produits brésiliens au marché américain, comme l'acier ou le jus d'orange, différences d'opinion en ce qui concerne les brevets et autres droits de propriété intellectuelle, accusations de contrefaçon ou de réserves de marché) ou alors en fonction d'autres problèmes de l'ordre du jour multilatéral (désarmement, droits de l'homme, réforme de la Charte de l'ONU etc.).

À la fin des années 1990, en grande mesure grâce à l'exercice de la diplomatie présidentielle, les rapports avec les EUA se sont normalisés, devenant en principe exempts de préjugés idéologiques ou d'une illusion quelconque quant à une "relation spéciale". Le seul point de friction reste, précisément, le projet de la zone de libre-échange des Amériques, activement promue par les EUA comme une espèce de succédané historique de la première tentative effectuée lors de la conférence américaine de 1889-1890, à Washington, et reçue avec beaucoup de froideur par le Brésil, intéressé, hier comme aujourd'hui, par le développement de relations équilibrées entre les deux côtés de l'Atlantique Nord. Un siècle après, les EUA continuent à promouvoir, avec des arguments similaires, le même projet, tandis que le Brésil, placé devant des dilemmes équivalents, continue à entretenir des doutes sur le bien-fondé de cette union économique entre des pays si inégaux.

16. La question sociale au Brésil au début du XXIe siècle

En ce début du XXIème siècle, le Brésil est devenu un pays essentiellement moderne, qui a achevé, grosso modo, son processus d'industrialisation, dispose d'une agriculture d'exportation très puissante et compétitive dans plusieurs secteurs de grande demande mondiale et qui a réussi, par ailleurs, un développement satisfaisant dans les domaines scientifique et technique. Il reste néanmoins handicapé par une performance sociale très négative à plusieurs points de vue, en premier lieu celui de la répartition des revenus.

Une série de transformations sociales a affecté, à partir des années 1940, la structure et les comportements démographiques ainsi que la répartition spatiale de la population, la composition sectorielle de la main-d'œuvre et, d'une manière générale, les indicateurs sociaux. Le pays, tout d'abord, "essentiellement agricole" encore à la fin des annés 50, est devenu indiscutablement urbain, à la suite d'un important exode rural qui a fait passer le taux de la population habitant dans les villes de 31% en 1940 à plus de 81% en 2000. Le Sud-Est, notamment, avec plus de 90% de la population concentrée dans les villes, témoigne de la rapidité du processus d'urbanisation, au début concentré dans les grandes métropoles, aujourd'hui orienté aussi vers les villes moyennes. La "marche vers l'Ouest", en direction de zones "pionnières" de la frontière agricole, est aussi un trait caractéristique de l'histoire démographique du XXème siècle, surtout après la construction de Brasília.

Pendant les soixante dernières années, les taux d'accroissement démographique ont été systématiquement plus élevés dans les villes qu'à la campagne, tout en subissant une très forte baisse dans les dix dernières années. En vérité, avec un taux de croissance de près de 1,6% actuellement, le Brésil a déjà accompli ce que les spécialistes appellent la "transition démographique", c'est-à-dire le passage d'une situation caractérisée par des taux très élevés de natalité et de mortalité à une phase marquée par des taux très réduits dans les deux domaines.

Les progrès sociaux, accompagnant les processus d'industrialisation et d'urbanisation accélérée, ont été constants au long des dernières décennies, notamment en ce qui concerne l'espérance de vie à la naissance (passée de 51 ans en 1940 à plus de 68 aujourd'hui) et la mortalité infantile (qui a diminué de moitié dans la période, tout en chutant fortement encore dans les années 1990, passant de 39,6/1.000 en 1994 à seulement 35,3 en 2000). Les facilités d'assainissement et d'infrastructure publique (tout-à-l'égout, électricité et appareils electro-ménagers, dont la télévision, instrument puissant de démocratisation sociale et d'uniformisation des moeurs), ainsi que l'accès à l'Internet, dernier cri dans une société devenue "moderne" avant d'être pleinement développée, représentent d'autres aspects de ce Brésil contemporain, dont les disparités sociales et régionales frappent autant que la réelle unité linguistique ou le sentiment d'identité nationale et culturelle.

Le taux de scolarisation, par ailleurs, est une des brillantes réussites du gouvernement Cardoso, puisqu'en augmentant de 89%, en 1994, à plus de 97%, en 2000, la fréquentation des écoles primaires par les enfants de 7 à 14 ans, il a conduit une véritable révolution silencieuse qui rend désormais possible l'objectif de l'universalisation de l'éducation fondamentale.

Indicateurs sociaux brésiliens, 1990-2000

	1990	2000
Population (millions)	144,0	169,8
Espérance de vie à la naissance (ans)	65	68,6
Mortalité infantile (par 1000 naissances)	48	35 (1)
Analphabètes (% de la population)	20,0	12,8
Enfants hors de l'école (% entre 7-14 ans)	13,4 (2)	4,3 (1)
Distrib. livres didactiques (millions élèves)	5,5 (3)	33,5
Foyers servis d'électricité (millions)	27,3	39,5
Vente annuelle de réfrigérateurs (millions)	0,4	3,3
Vente annuelle de téléviseurs (millions)	2,3	5,2
Ordinateurs liés à l'Internet (millions)	1,5 (4)	7,0 (1)
Inflation annuelle (%)	1.620,97	5,4

Source : IBGE; (1) 1999; (2) 1992; (3) 1995; (4) 1997;

Les résultats sont cependant moins brillants lorsque l'on regarde les indicateurs relatifs à la répartition des revenus et des salaires, où les inégalités sont visibles, notamment du point de vue de la concentration du revenu, l'une des plus fortes au monde. Si l'on fait par ailleurs la corrélation entre ces indicateurs sociaux et la couleur de la peau, les contrastes sont encore choquants, car les Noirs présentent un niveau de formation trois fois inférieur à celui des Blancs (presque 30% d'analphabètes de plus de 15 ans, contre seulement 12% pour ces derniers) et des différences de revenus tout aussi frappantes (mesurée en salaire minimum, une rémunération équivalente à 5 seulement, contre plus de 17 pour les Blancs).

Le Brésil arrive ainsi au début du XXIème siècle en exhibant des indicateurs sociaux en contradiction avec ses réalisations économiques en général. Si l'on regarde, en effet, le comportement de l'économie brésilienne sur une longue durée, on constate que le processus de modernisation au Brésil a été capable de construire une solide base industrielle pour le développement du pays et de créer des opportunités d'emploi en nombre relativement proportionné à l'augmentation de la population urbaine.

La persistance des inégalités sociales et régionales ainsi que le maintien de niveaux élevés de pauvreté absolue ne sont donc pas dus à une faillite supposée du dynamisme économique. Dans la mesure où la pauvreté n'est pas restreinte au seul "pôle arriéré" du système économique brésilien – soit, l'agriculture traditionnelle et les services informels de la zone urbaine –, mais touche aussi un nombre énorme de Brésiliens intégrés régulièrement au marché du travail, il faut chercher des réponses au niveau proprement politique et social du modèle brésilien de développement, ce qui revient à poser la question de la nature de la croissance et de ses bénéfices sociaux. En supposant que le volume de l'emploi créé par le développement continu de l'économie brésilienne soit en mesure d'améliorer, d'une manière globale, les conditions de vie de la grande masse des Brésiliens, on doit tout de même remarquer que la création d'un nombre satisfaisant d'emplois ne résout pas la question sociale.

Les arguments soulevés dans la plupart des débats actuels au Brésil, tendent à souligner l'effort que le pays doit continuer à faire pour reconquérir son équilibre macro-économique (au moyen notamment d'un ajustement fiscal, permettant à l'État de récupérer sa capacité d'investissement), ainsi que pour réformer le mode de fonctionnement de l'appareil de l'État. Cette réforme s'avère nécessaire non seulement pour renforcer l'action de l'État dans le domaine social et en matière d'infrastructure, mais aussi pour diminuer ces "impôts indirects" que sont le gaspillage des ressources publiques et la corruption.

En somme, dans un contexte de pleine consolidation de son régime démocratique et de stabilisation de sa politique économique, le Brésil devra continuer à moderniser les structures productives et les relations de travail, de manière à rendre un peu plus juste son système social, aujourd'hui marqué par des inégalités inacceptables pour un pays moderne. D'autres mesures doivent être prises pour permettre la continuité des investissements nécessaires à une nouvelle phase de croissance accélérée, qui ne peut plus reposer sur la seule capacité de l'État.

Pour l'essentiel cependant, le Brésil a surtout besoin d'un programme global et intégré de correction du degré anormalement élevé de misère, car elle est devenue préjudiciable au développement du capitalisme. C'est là le plus grand défi que doivent affronter, en tout premier lieu, les dirigeants politiques, ainsi que la présente génération de Brésiliens.

Paulo Roberto de Almeida
Washington, janvier 2002

CHRONOLOGIE DE L'HISTOIRE DU BRÉSIL: 1494-2005

La période coloniale

1494: Le traité de Tordesillas, à la suite du voyage de Colomb dans les terres du Nouveau Monde, règle le partage du monde connu entre le Portugal et l'Espagne; il constitue un "acte de naissance" du Brésil avant même sa découverte.

1500: Découverte du Brésil par des navigateurs portugais sous le commandement de Pedro Alvares Cabral: ils abordent rapidement la côte de Bahia, sur le chemin des Indes; des marins espagnols et des marchands français visitent aussi ces terres où abonde un bois utilisé dans la teinture, appelé "brésil".

1530-50: Début de l'occupation permanente du territoire, basée sur le système des capitaineries héréditaires; organisation de l'économie d'exportation: cycle de la canne à sucre; monoculture extensive fondée sur le travail esclave; première capitale installée à Salvador de Bahia.

1554: Des jésuites (Manoel da Nóbrega et José de Anchieta) fondent, à 70 km de la côte Atlantique, un village qui donne origine à la ville de São Paulo.

1555: Des Français (Villegagnon) s'installent sur l'emplacement de la future ville de Rio de Janeiro.

1565: Fondation de la ville de São Sebastião de Rio de Janeiro; les Français sont expulsés du local.

1570: Les Indiens sont déclarés libres, ce qui n'empêchera pas leur esclavage par des Paulistas et autres colonisateurs manquant de bras africains.

1580-1640: Portugal et Brésil sous la domination espagnole (dite "Union des couronnes ibériques"); les *bandeirantes* paulistes s'occupent d'étendre la présence portugaise dans les territoires castillans qui resteront par la suite sous l'emprise du Royaume du Brésil.

1612-1615: Des Français fondent Saint Louis du Maranhão; ils en seront chassés par les Portugais.

1624-1654: Occupation du *Nordeste* par les Hollandais, qui ne seront expulsés qu'après une âpre lutte, où le sentiment national brésilien se manifeste pour la première fois.

1630-1697: Les esclaves noirs, enfuis des plantations, forment à l'intérieur du pays plusieurs républiques, les *quilombos* – dont la principale (celle de Palmares) résiste pendant près de soixante-dix ans aux expéditions blanches. En partant du sud vers l'intérieur du territoire, des aventuriers (*bandeirantes*) vont à la recherche de métaux précieux et chassent les Indiens pour les réduire en esclavage; le territoire de la colonie se trouve ainsi agrandi au-delà de son cadre original.

1680: Des Portugais fondent sur la rive orientale du fleuve de la Plata la colonie de peuplement de Sacramento, suivant la visée expansionniste de la couronne portugaise.

1686: Découverte de l'or dans les Minas Gerais et début du cycle de l'or. Décadence de la domination de la canne à sucre et déplacement du centre économique vers le Minas et Rio de Janeiro, mais la Couronne pose des obstacles à l'immigration de Portugais au Brésil, ainsi qu'à l'industrialisation de la colonie.

1742-43: La Condamine explore le fleuve Amazone.

1750: Traité de Madrid entre l'Espagne et le Portugal (dont l'un des négociateurs est le Brésilien Alexandre de Gusmão, "père de la diplomatie brésilienne), définissant les frontières respectives en Amérique du Sud: le nouveau territoire colonial portugais devient presque similaire à celui du Brésil moderne.

1750-70: Pombal essaye de rétablir le contrôle royal sur la colonie du Brésil: les capitaineries héréditaires sont abolies et les jésuites sont expulsés du Brésil. La capitale de la Vice-Royauté est déplacée de Bahia vers Rio de Janeiro.

1788-1792: Décadence de l'exploitation de l'or, exactions par la métropole en vue de ramasser les tributs (quint de l'or); tentative qui échoue d'établir une république au Brésil, avec la Conjuration Mineira, dont le chef est un officier de l'armée, Tiradentes.

1808-1821: Installation de la famille royale au Brésil, qui fuit Napoléon; plusieurs mesures sont prises, dont l'ouverture des ports au commerce international et, comme conséquence, perte par le Portugal du monopole commercial en faveur de l'Angleterre.

1815: Promotion de la colonie au rang de Vice-Royaume.

1820: Les Portugais s'emparent de la Banda Oriental de l'Uruguay.

1821: Retour du Roi João VI au Portugal, à la suite de la révolution constitutionnelle de Porto (1820).

L'Empire brésilien

1822: Proclamation de l'Indépendance, le 7 septembre, par le Prince portugais Pedro.

1824: Première Constitution brésilienne, établissant un empire, octroyée par l'empereur, après la dissolution de l'Assemblée constituante; révolution républicaine au Pernambouc.

1825-1828: Conflit avec les Provinces Unies (Argentine) sur la frontière sud brésilienne (Banda Oriental), dont l'établissement de l'Uruguay en tant que nation indépendante est le résultat.

1830: Début du cycle économique du café, dans le Centre-Sud et déplacement du pôle dynamique du pays vers la région São Paulo-Rio de Janeiro.

1831: Abdication de Pedro Ier en faveur de son fils mineur; période des régences.

1833-1849: Soulèvements populaires prolongés: Cabanada, Balaiada, Praieira (au Nord et *Nordeste*) et Guerre des Farrapos (au Sud); la répression servira à la consolidation des tendances centralisatrices de l'empire.

1840: Couronnement de Pedro II, dont la majorité fut anticipée, et début du Second Empire (jusqu'à 1889).

1850: Abolition du trafic des esclaves, sous pression de l'Angleterre.

1853-60: Construction d'usines et de voies ferrées, établissement de banques de crédit et de compagnies de navigation à vapeur (Mauá); guerre contre des caudillos en Uruguay et en Argentine (1850-1852).

1860: Début de l'immigration européenne vers le Brésil, en direction des états du Sud.

1864-1870: Guerre contre le dictateur Solano Lopez, du Paraguay: le Brésil forme une Triple Alliance avec l'Argentine et l'Uruguay.
1866: Ouverture du fleuve Amazone à la navigation internationale.
1870: Manifeste du Parti Républicain contre la monarchie. Premières mesures de libération graduelle des esclaves.
1888: Abolition de l'esclavage (le 13 mai).

La Première République

1889: Renversement de la monarchie et proclamation de la République; gouvernement provisoire jusqu'à 1891.
1891: Première Constitution républicaine : forte influence positiviste.
1893-1895: Révolution fédéraliste dans le Rio Grande do Sul et révolte navale à Rio de Janeiro.
1895-1897: Guerre paysanne à Canudos (Bahia).
1898: Renégociation de la dette (*funding loan*) avec les banquiers Rothschild.
1903: Rachat à la Bolivie du territoire de l'Acre par le ministre des Affaires Étrangères Rio Branco; questions de frontières résolues par des négociations directes avec les voisins ou au moyen de l'arbitrage international.
1906: Mesures pour soutenir le cours du café sur le marché (emprunts de valorisation).
1910: Le colonel Rondon dirige un service de protection des Indiens.
1912-1916: Révolte paysanne du Contestado, au Sud.
1915: Signature du "Traité d'Entente Politique Cordiale et d'Arbitrage" entre l'Argentine, le Brésil et le Chili ("Pacte ABC"); mais il ne sera pas exécuté.
1917: Grande grève ouvrière à São Paulo; les organisations anarchistes dominent le mouvement ouvrier. Nouvelles mesures pour soutenir le marché du café. Le Brésil entre en guerre contre l'Allemagne, après le torpillage de navires.
1922: Fondation du Parti Communiste du Brésil, qui adhère à la Troisième Internationale.

1924-1927: Rébellions militaires à São Paulo et dans d'autres états : les jeunes officiers (les *tenentes*) s'opposent à l'oligarchie au pouvoir ; la colonne Prestes parcourt l'intérieur du pays.
1929-30: L'oligarchie du café et d'autres secteurs de l'élite au Sud et au *Nordeste* sont divisés sur la succession présidentielle, qui jusqu'alors restait dans le domaine des leaders politiques du Sud-Est (São Paulo, Minas Gerais, Rio de Janeiro).

La période Vargas

1930: Révolution politique et fin de la Première République; Getulio Vargas préside un gouvernement provisoire.
1932: Révolution "constitutionnaliste" à São Paulo. Les femmes gagnent le droit de vote (qui par ailleurs devient secret).
1934: Seconde Constitution républicaine; Vargas est élu président par le Congrès; fondation de l'Alliance Nationale Libératrice, avec la participation des communistes.
1935: Tentative d'insurrection armée commandée par l'ANL, qui échoue; les prisons se remplissent.
1937: Coup d'État et proclamation de l'Estado Novo. Vargas devient dictateur; troisième Constitution républicaine, cette fois-ci, de nature autoritaire et corporative.
1938: Les fascistes brésiliens – *integralistas* – essayent de prendre le pouvoir par les armes: le putsch échoue. Les relations avec l'Allemagne nazie sont renforcées dans le domaine économique.
1942: Le Brésil rompt les relations avec les puissances de l'Axe et déclare la guerre à l'Allemagne.
1943: La première usine sidérurgique de l'État, construite à Rio de Janeiro avec des capitaux américains, marque le début de l'industrialisation.
1944-45: Le Brésil participe à la guerre, du côté des alliés; un corps expéditionnaire part pour l'Italie. Conférence de Bretton Woods, où le Brésil devient l'un des pays fondateurs du FMI et de la Banque Mondiale; participation à la création de l'ONU.

1945: L'État Nouveau est renversé et Vargas évincé du pouvoir par les militaires. Le Parti Communiste retourne à la légalité; redémocratisation de la vie politique. Les principaux partis sont le PSD, l'UDN et le PTB. Élections générales en décembre.

1946: Présidence du Général Dutra, élu démocratiquement, et promulgation de la quatrième Constitution républicaine, d'inspiration démocratique.

1947: Dutra, en conformité avec l'idéologie de la Guerre Froide, met hors la loi le PCB; répression du mouvement ouvrier. Le Brésil signe le Traité de Petropolis, par lequel il s'engageait avec les EUA en cas de guerre.

1948: Création de l'Organisation des États Américains. Commission Technique Brésil-EUA ("Missão Abbink").

1949: Création de l'École Supérieure de Guerre (ESG), qui forrne l'idéologie militaire sur le modèle du National War College.

1950: Vargas est élu président avec un grand appui populaire; il développe un programme nationaliste et industrialisateur.

1950-1953: Tentatives avortées de rapprochement politique et économique entre le Brésil, l'Argentine et le Chili (nouveau "pacte ABC"): elles rencontrent l'opposition de courants pro-américains et antipéronistes dans ces pays.

1952: Accord d'assistance militaire Brésil-EUA, qui renforce les liens créés par la Guerre Froide; l'accord ne sera dénoncé qu'en 1977, paradoxalement en pleine période militaire.

1953: Institution, à la suite d'une campagne populaire marquée par l'anti-américanisme, du monopole pétrolier et fondation de la Petrobras, compagnie d'État.

La crise de la République populiste

1954: La pression conjuguée des militaires et des civils de droite contraignent Vargas à la démission; celui-ci se suicide, ouvrant une crise politico-institutionnelle; les militaires interviennent.

1955: Les élections à la Présidence sont remportées par les forces varguistes: le même groupe de droite entame une conspiration en vue d'empêcher Juscelino Kubitschek d'accéder à la Présidence; contre-coup préventif, le 11 novembre, en défense de la légalité.

1956-1960: Gouvernement Kubitschek: industrialisation rapide; construction de la nouvelle capitale fédérale: Brasilia; l'île de Fernando de Noronha (au *Nordeste*) sert au suivi des fusées des EUA; fondation et expansion de l'industrie automobile, contrôlée par des compagnies étrangères; pénétration intensive du capital étranger dans l'économie nationale.

1958-59: Le Brésil propose une "Opération Pan-Américaine" en vue de la coopération hémisphérique; création de la Banque Inter-Américaine de Développement. Le Brésil devient champion du monde de football pour la première fois en Suède.

1960: Signature du Traité de Montevideo, créant l'Association Latino-Américaine de Libre-Échange.

1961: Janio Quadros est élu président: "politique extérieure indépendante" et fortes pressions de la droite; démission du Président après 6 mois de mandat. Crise politique et militaire; tentative de coup d'État pour empêcher l'accès à la Présidence du vice-président Goulart; amendement à la Constitution, instituant le parlementarisme pour limiter les pouvoirs de Goulart: Tancredo Neves devient chef de cabinet pendant une courte période.

1961-1964: Gouvernement Goulart: essor de forces réformistes, liées au mouvement populaire et aux syndicats; le système de partis apparaît très fractionné et l'Armée est elle-même divisée entre des courants nationalistes et pro-américains; développement de forces de droite, avec appui américain.

1962: Août: Goulart promulgue une loi qui restreint le rapatriement des profits; Octobre: élections parlementaires et gouvernementales; le gouvernement américain soutient des groupes de droite; Dans l'état de Pernambouc, un candidat progressiste (Arraes) est élu. Le Brésil est à nouveau champion du monde de football, au Chili.

1962: "Guerre de la langouste" entre la France et le Brésil: des bateaux français sont arraisonnés sur les côtes brésiliennes; Cuba, sous pression des EUA, est exclu du système inter-américain à la Conférence de Punta del Este, en dépit de l'opposition du Brésil et de quelques autres pays.

1963: Janvier: Un plébiscite consacre par 80% des voix le retour au système présidentialiste. Mars: l'ambassadeur américain au Brésil évoque, au Congrès des EUA, l'infiltration "communiste" dans le gouvernement brésilien.

1964: Annonce de la publication d'un décret d'expropriation des terres en bordure des voies de communication. Réaction de la droite. Février: décret présidentiel doublant les salaires à Rio de Janeiro et à São Paulo. Mars: Le Président déclare que 1964 sera "une année de libération pour le Brésil grâce aux réformes de structure"; Mars (13): grande manifestation de soutien à Goulart à Rio de Janeiro, pour les "réformes de base". Mars (31): coup d'État militaire contre Goulart, qui se réfugie en Uruguay; le Général Castelo Branco accède au pouvoir.

La période militaire

1964-1985: Vague de régimes militaires en Amérique Latine, en commençant par le Brésil, suivi de la Bolivie et de l'Argentine.

1964-1967: Le général Humberto Castelo Branco préside une première phase du régime militaire au Brésil, en essayant de préserver les institutions républicaines, contre l'aile "dure" de l'Armée, qui favorise un système dictatorial pur. Alignement sur les EUA en politique extérieure, avec participation de l'Armée brésilienne dans les opérations militaires d'intervention en République Dominicaine, formellement au nom de l'Organisation des États Américains.

1965: À la suite de l'élection de gouverneurs d'opposition, les élections deviennent "indirectes" et les partis traditionnels sont abolis en faveur d'un régime bi-partisan, avec l'ARENA pro-gouvernementale et le MDB de l'opposition "officielle". Nouvelle Constitution (1966-67), la cinquième de la République, prévoit l'élection du président de la République par un collège électoral formé par le Congrès et complété par des représentants des assemblées des États.

1965-1967: Création du *cruzeiro novo*, égal à 1.000 anciens *cruzeiros* (qui avaient déjà remplacé, en 1942, le *mil-réis*, aussi à raison 1=1.000): la nouvelle monnaie commence à circuler en 1967.

1966: Brésil et Paraguay concluent un accord sur l'utilisation des ressources hydrauliques du fleuve Parana. L'Argentine fait état de ses réserves.

1967: Conférence de chefs d'État et de gouvernements américains à Punta del Este, qui proclame l'objectif de constituer un "marché commun latino-américain" dans un délai de 15 ans, à partir de 1970.

1967-1969: Présidence Costa e Silva au Brésil, marquée par des tentatives d'ouverture politique et par le regroupement des forces d'opposition; par la suite, le Brésil retombe dans la dictature.

1967-1974: Période de grande croissance économique ("miracle brésilien"), avec augmentation des exportations et entrée de capitaux étrangers. Les militaires entament un programme nucléaire non soumis aux contraintes du Traité de Non-Prolifération Nucléaire (1968), ce qui provoque des conflits avec les EUA.

1968-69: Montée des forces de l'opposition au Brésil, avec des manifestations de rue et apparition de groupements prônant la lutte armée, ce qui conduit au durcissement du régime militaire en décembre 1969 (coup dans le coup): fermeture du Congrès et révision importante de la Constitution. Suite à une trombose du président, une Junte militaire passe le pouvoir, non au vice-président élu avec Costa e Silva, le civil Brandi Aleixo, mais à un général issu des services de sécurité, Garrastazu Médici.

1969: Création du Groupe Andin (Bolivie, Chili, Colombie, Équateur, Pérou, Venezuela).

1969-1971: Forte répression contre les mouvements de gauche, qui pratiquent des enlèvements de diplomates pour les échanger contre des militants emprisonnés.

1970: Le Brésil est consacré champion du monde de football pour la troisième fois, au Mexique.

1971: Alors que le Chili élit un socialiste, Salvador Allende, la Bolivie subit plusieurs coups d'état, ouvrant la voie à la dictature Banzer.

1973: Le Chili socialiste subit l'un des plus violents coups militaires en Amérique Latine, qui aura pour conséquence des milliers de victimes de la dictature Pinochet. L'Argentine, qui était redevenue "péroniste", tombe aussi, en 1976, sous l'emprise militaire.

1973: Négociation d'un traité Brésil-Paraguay, fondant la compagnie "Itaipu Binationale", pour l'exploitation de l'hydroélectricité du fleuve Parana.

1974: Retour du groupe "casteliste" (de l'ancien président militaire Castelo Branco) au pouvoir, avec l'"élection" du général Ernesto Geisel, ancien président de Petrobras et favorable à un développement technologique et industriel planifié par l'État; création de la Nuclebras.

1974-1980: Impact des crises du pétrole en Amérique Latine, avec accélération de l'inflation et augmentation de la dette extérieure (recyclage des pétrodollars, à des taux d'intérêt flottants). Introduction du programme d'alcool combustible au Brésil; signature de l'Accord Brésil-Allemagne de coopération nucléaire et adhésion du Brésil au Traité de l'Antarctique (1975).

1974-1979: Phase marquée par de fortes rivalités politico-militaires entre les pays de la région, en particulier entre le Brésil et l'Argentine qui s'affrontent diplomatiquement à propos des ressources hydrauliques du bassin de la Plata.

1977: Une succession de crises militaires, liées aux secteurs durs de l'Armée, et le défi politique des courants militants de l'opposition conduisent à une nouvelle fermeture du Congrès et à des révisions de la Constitution et de la législation électorale.

1977-1979: Crise dans les relations avec les EUA à cause du programme nucléaire, de frictions commerciales (chaussures, soja) et de la question des droits de l'homme: le président Geisel dénonce l'accord militaire bilatéral de 1952.

1979: Continuité du régime militaire, avec des promesses d'ouverture faites par le nouveau président, le général João Figueiredo, issu lui aussi de l'appareil de sécurité de l'Armée. Amnistie politique (avec le retour des exilés politiques), création de nouveaux partis politiques, accélération de l'inflation et détérioration de la balance des paiements, à la suite de la deuxième crise du pétrole.

1979: L'accord tripartite Argentine-Brésil-Paraguay sur le barrage d'Itaipu clôt une période de luttes d'influence en Amérique du Sud, surtout liées à la compétion nucléaire entre les deux premiers pays et à l'utilisation des ressources hydrauliques du bassin de la Plata.

1980: Signature du Traité de Montevideo qui institue l'Association Latino-Américaine d'Intégration (Aladi). Accord de coopération nucléaire Brésil-Argentine. Au Brésil, un amendement constitutionnel rétablit le scrutin direct pour les élections des gouverneurs.

1982-1984: Guerre des Malouines et retour de la démocratie en Argentine: élection du radical Raul Alfonsin. Au Brésil, victoire de l'opposition lors des élections des gouverneurs des principaux états; crise économique et récession.

1982-1985: Crise de la dette extérieure dans la plupart des pays latino-américains, à commencer par le Mexique et le Brésil. Le Brésil signe plusieurs accords avec le FMI. Progrès des mouvements pour le retour à la démocratie sur le continent.

1983-84: Campagne civique pour les élections directes au Brésil, avec des manifestations de masse et forte pression populaire sur le Congrès: malgré l'ampleur du mouvement, échec de la révision constitutionnelle, suivie de la formation d'une coalition de partis réformistes en vue d'obtenir la victoire de l'opposition aux élections présidentielles, toujours indirectes.

1984: L'approbation d'une "Loi sur l'Informatique", instituant une politique protectionniste en faveur des ordinateurs nationaux, provoque des tensions avec les EUA, s'ajoutant à des problèmes dans le domaine des brevets pharmaceutiques. Les EUA introduisent des mesures unilatérales de rétorsion commerciale en 1987.

La Nouvelle République

1985: Janvier: élection par un collège électoral de Tancredo Neves, leader de l'opposition modérée, comme nouveau président; il annonce la "Nouvelle République", la convocation d'une Assemblée Constituante et la réalisation de réformes politiques; Mars: avant sa prise de pouvoir, Tancredo tombe malade et meurt le 21 avril; le vice-président José Sarney assure l'intérim, avant de devenir le nouveau président.

1985: Novembre: "Déclaration d'Iguaçu", par laquelle les présidents d'Argentine et du Brésil expriment leur "ferme volonté d'accélérer le processus d'intégration bilatérale"; ils signent aussi une "Déclaration Conjointe relative à la Politique Nucléaire", qui proclame les objectifs pacifiques de la coopération bilatérale dans ce domaine.

1986: Le *Plan Cruzado* (Février), avec l'introduction d'une nouvelle monnaie (égale à 1.000 cruzeiros), tente de contrôler l'inflation et de redistribuer le revenu; après quelques mois de gel des prix et de parité de change, l'absence de réforme fiscale et des difficultés d'approvisonnement conduisent au retour de l'inflation: le *Plan Cruzado II* (novembre) redonne de la "flexibilité" aux prix. Élections parlementaires: formation d'une Assemblée constituante, à partir du Congrès, chargée de rédiger la nouvelle Constitution.

1986: "Acte pour l'Intégration Brésil-Argentine", établissant le Programme d'Intégration et de Coopération Économique (PICE), base du traité bilatéral d'intégration de 1988.

1987: Début des travaux de l'Assemblée Constituante. Le Brésil décrète le moratoire de sa dette extérieure, ouvrant une période de fuite de capitaux et de difficultés avec le système financier international. Conflits commerciaux avec les EUA, dans les domaines informatique et pharmaceutique. Les plans économiques "Bresser" et "Plan Été", en 1989, essayent de contrôler l'inflation.

1988: "Traité d'Intégration, Coopération et Développement" entre le Brésil et l'Argentine, avec l'objectif d'instituer un marché commun en dix ans. Premier accord avec le FMI depuis la fin du régime militaire, qui ouvre de nouvelles lignes de financement; accord avec le Club de Paris qui renégocie US$ 5 milliards.

1988: Nouvelle Constitution; création du parti social-démocrate (PSDB).

1989: Premières élections directes pour la présidence de la République depuis 1960: Fernando Collor, avec un programme basé sur la lutte contre la corruption, pour la modernisation économique, l'ouverture commerciale et les privatisations, est élu au second tour, battant le candidat ouvrier Lula.

1990: Investiture (mars) du nouveau président, dans une situation d'hyper-inflation et de cessation de paiements: le *Plan Collor* gèle les actifs bancaires. Le président Collor entame l'ouverture économique et la libéralisation commerciale: réduction tarifaire échelonnée et élimination de la "réserve de marché" dans l'informatique en 1992.

1990: "Initiative pour les Amériques", proclamée au mois de juin par le président George Bush pour accompagner les transformations politiques et économiques en cours en Amérique Latine et donner un nouvel élan aux relations des EUA avec la région, centrée sur le commerce, les investissements et la solution du problème de la dette, en vue d'arriver à une Zone de Libre-Échange Hémisphérique, allant de l'Alaska à la Terre de Feu. Les premiers pas en ce sens seront accomplis avec le Mexique. En 1991, le Canada, déjà lié par un accord de libre-échange avec les EUA, se joint à l'exercice négociateur bilatéral, qui aura pour résultat la création de l'ALENA (NAFTA) en 1994.

1990: "Acte de Buenos Aires" (juillet), par lequel les présidents de l'Argentine et du Brésil décident d'accélérer la formation du marché commun bilatéral jusqu'au 31 décembre 1994; l'Uruguay et le Paraguay commencent à participer, en tant qu'observateurs, aux réunions entre le Brésil et l'Argentine.

1991: Signature (le 26 mars) du Traité d'Asunción visant à la constitution d'un marché commun entre l'Argentine, le Brésil, le Paraguay et l'Uruguay. Le Brésil renonce unilatéralement à l'armement nucléaire: coopération nucléaire avec l'Argentine. Les changements ministériels n'empêchent pas un climat de crise politique entre le président et le Congrès.

1992: Dette extérieure: le FMI approuve le rééchelonnement de la dette avec les banques privées; renégociation de US$ 11 milliards avec le Club de Paris; accord avec les créanciers commerciaux sur US$ 44 milliards, avec réduction de 35%, nouveaux délais et intérêts limités à 6%. Procès contre Collor, sur fond de corruption: le vice-président Itamar Franco assure l'intérim en septembre et, avec l'impeachment de Collor, assume définitivement le pouvoir en décembre.

1992: Conclusion des négociations et signature de l'accord de libre-échange de l'Amérique du Nord (ALENA) entre les EUA, le Canada et le Mexique.

1993: Un plébiscite, prévu dans les dispositions transitoires de la Constitution, confirme l'option pour la République (66%) et le présidentialisme (55%), contre la monarchie et le parlementarisme. Diverses tentatives de contrôle de l'inflation au Brésil, sans succès, car le président Franco change plusieurs fois le ministre de Finances et le président de la Banque centrale. Au mois de mai, Fernando Henrique Cardoso devient ministre des finances, après être passé par les Affaires étrangères: introduction (août) d'une nouvelle monnaie, le *Cruzeiro real*: l'URV (Unité Réelle de Valeur, indexée), base du nouveau programme de stabilisation, prépare l'introduction d'une nouvelle monnaie, l'année suivante.

1993-94: Négociations en vue du Tarif Extérieur Commun (TEC) dans le Mercosul: différences de structure et de niveaux de développement industriel entre le Brésil et ses partenaires expliquent l'acceptation, pendant une "phase de convergence" (jusqu'à 2001-2006), de listes nationales d'exception et d'exclusion (pour les biens d'informatiques et d'équipement, par exemple). Au mois d'octobre, à Santiago, le président Itamar Franco lance l'idée de la formation d'une Zone de Libre-Échange Sud-Américaine (ALESA), liant les pays du Mercosul, ceux de la Communauté Andine (CAN) et le Chili.

1994: L'ALENA devient effective le 1er janvier.

1994: Le Congrès brésilien entame un processus de révision de la Constitution, comme prévu dans les dispositions transitoires: les résultats sont modestes. L'accord de la dette extérieure avec les créanciers privés prévoit le paiement de US$ 51 milliards en 30 ans, avec une remise de 4 milliards sur la valeur face des titres. Le Brésil devient champion du monde de football pour la quatrième fois, aux EUA. L'introduction du *Plan Real*, au mois de juillet, garantit l'élection de Fernando Henrique Cardoso au premier tour du scrutin présidentiel du mois d'octobre (avec 54% des voix).

1994: Conclusion des négociations commerciales de l'Uruguay Round, avec la création de l'Organisation Mondiale du Commerce (OMC), qui fonctionne à partir de janvier 1995. Au Premier Sommet des Amériques, au mois de décembre, à Miami, le Brésil regarde avec beaucoup de méfiance la proposition américaine de création d'une zone de libre-échange de l'Alaska à la Terre du Feu. Le 17 décembre est signé le "Protocole d'Ouro Preto", qui modifie partiellement le Traité d'Asunción et dote le Mercosul de personnalité juridique de droit international. "Déclaration Solennelle Conjointe entre le Mercosul et l'Union Européenne", le 22 décembre, à Bruxelles, prévoyant la signature, en 1995, d'un Accord-Cadre Inter-Régional de Coopération Économique, devant conduire, en dernière instance, à la négociation de la libéralisation des échanges entre les deux régions, tout en respectant les normes de l'OMC.

Les deux gouvernements Fernando Henrique Cardoso

1995: Investiture, le 1er Janvier, du président Cardoso, qui commence immédiatement un processus de révision constitutionnelle, surtout dans le domaine économique. Le Mercosul devient, au même moment, une union douanière (non achevée). Le Chili et la Bolivie négocient leur association au Mercosul. Signature (décembre) de l'Accord-Cadre de coopération interrégional entre l'UE et le Mercosul, à Madrid.

1995: La crise monétaire mexicaine de décembre 1994 atteint d'autres pays de la région, dont l'Argentine et partiellement le Brésil, qui fait une première correction à sa politique de change, en introduisant un système de bandes ajustables et un programme de renforcement du système financier national (PROER); néanmoins, quelques banques commerciales font faillite. Par la suite les banques des États seront privatisées.

1995-1997: Le nouveau Code de la Propriété Industrielle prévoit le brevet pour des aliments, médicaments, produits chimiques et biotechnologiques; continuité de l'ouverture économique et privatisations généralisées dans le domaine des télécommunications, mais difficultés dans les réformes administrative et de la sécurité sociale. Révision de la Constitution permet la réélection, pour un second mandat, du président.

1996: Détérioration sensible de la balance commerciale, à la suite de la surévaluation de la monnaie brésilienne; les pays membres du Mercosul signent une Déclaration présidentielle sur le Compromis Démocratique.

1997: Le Brésil décide d'adhérer au Traité de Non-Prolifération; diplomatie présidentielle active, sur les plans régional, bilatéral (avec l'Argentine) et multilatéral. Révision constitutionnelle: le principe d'un second mandat à la présidence est approuvé, pour la première fois dans l'histoire de la République; fin du monopole de la Petrobras sur l'exploitation de pétrole. Difficultés économiques – déficit budgétaire et dans les comptes externes – aggravées par la crise asiatique.

1998: Coupe du Monde de Football en France, qui gagne le titre: le Brésil est sacré vice-champion. Élections présidentielles en octobre, déjà avec la nouveauté de la possible réélection à des postes exécutifs, dont celui de président: Fernando Henrique Cardoso réélu au 1er tour (avec 53% des voix). Réforme de la sécurité sociale qui allonge l'âge de la retraite, dont le montant est lié aux cotisations payées. Privatisation de la compagnie des téléphones.

1998: Août: l'aggravation de la crise financière internationale, avec le moratoire déclaré par la Russie, contraint le Brésil, qui perdait des milliards de dollars en réserves de change, à négocier un accord préventif avec le FMI et d'autres pays membres de la Banque de Réglements Internationaux, avec un programme d'ajustement fiscal contre un paquet d'aide financière de US$ 41,5 milliards.

1999: Janvier: FHC débute son second mandat présidentiel (jusqu'à la fin de l'année 2002). Continuité du programme d'ajustement fiscal au milieu de difficultés économiques: fuite de capitaux et spéculation contre la monnaie: crise du *Plan Real*: dévaluation de la monnaie, dont la parité devient flottante; renégociation de l'accord avec le FMI.

1999 Juin: réalisation, à Rio de Janeiro, de la première Conférence au Sommet entre les Chefs d'État et de Gouvernement de l'Amérique Latine, des Caraïbes et de l'Europe: le Mercosul et l'Union Européenne décident d'avancer dans la négociation d'un accord de libéralisation des échanges.

2000: Le Brésil et le Portugal fêtent le Vème Centenaire de la découverte du Brésil par Pedro Alvares Cabral. Accord-cadre en vue de la création d'une zone de libre-échange entre le Mercosul et la République d'Afrique du Sud. Définition des objectifs communs en matière fiscale et monétaire en vue de la convergence économique dans le Mercosul.

2001: Organisation du IIIème Sommet des Amériques à Québec, au Canada: les pays américains décident de négocier une zone de libre-échange jusqu'en janvier 2005 et de commencer à l'implanter à partir de décembre de cette année.

2001: La crise économique en Argentine frappe aussi le Brésil, qui voit le *real* baisser fortement par rapport au dollar: un nouvel accord avec le FMI prévoit un crédit supplémentaire de US$ 15 milliards.

Développements futurs

2002: Janvier: circulation de monnaies et billets en euro dans les pays appartenant à la zone monétaire unique de l'UE. Octobre: élections présidentielles et législatives au Brésil; second tour au mois de novembre, entre les deux candidats ayant remporté le plus de voix.

2002-04: Le Brésil et les EUA exercent la co-présidence des négociations, dans la phase finale et décisive du processus de discussion de la ZLEA.

2005: Janvier: fin, hypothétique, des négociations hémisphériques pour la création d'une ZLEA, prévue pour être opérationnelle à partir du mois de décembre. Délai possible, aussi, pour la conclusion d'un accord d'association entre le Mercosul et l'UE, si les négociations s'avèrent satisfaisantes.

Paulo Roberto de Almeida
Washington, janvier 2002

Relations économiques internationales du Brésil, 1500-2001

Périodes	*Production principale*	*Région dominante*	*Main-d'oeuvre*	*Centre économique*	*Relations économiques internationales, processus économiques*
1500 **1580**	Bois-brésil, produits de la forêt.	Forêt atlantique, côte du Nordeste.	Indiens.	Campements et entrepôts sur la côte, *sesmarias*.	Incorporation de terres nouvelles aux circuits marchands; produits exotiques; exercice du monopole portugais et tentatives d'usurpation par d'autres puissances européennes.
1580 **1670**	Sucre, tabac, élevage.	Nordeste.	Indiens et esclaves noirs, *tropeiros* (transporteurs à dos de mule).	Salvador.	Établissement du pacte colonial: exclusivité économique de la métropole; traite d'esclaves, monopoles de l'État et des compagnies de commerce; domination espagnole et invasions étrangères; expansion du territoire.
1670 **1790**	Or et pierres précieuses, sucre.	Minas Gerais, côte du Nordeste.	Esclaves, chercheurs d'or, travailleurs libres.	Salvador, Ouro Preto, Rio de Janeiro.	Développement économique des régions non-côtières (mines, élevage, coton); concessions du Portugal à l'Angleterre; oppression fiscale par la métropole, fin des monopoles avec les réformes de Pombal; épuisement de l'économie de l'or.
1790 **1830**	Coton, café, élevage.	Intérieur de Rio de Janeiro; plusieurs archipels économiques.	Esclaves, premiers colons.	Rio de Janeiro.	Processus vers l'indépendance, ouverture des ports, traités inégaux avec l'Angleterre, développement des premières activités manufacturières, expansion du café dans la région de Rio de Janeiro et de l'élevage dans le Sud; premier Banco do Brasil.
1830 **1850**	Café, coton; économie du *charque* (viande sechée).	Sud-Est, Sud.	Esclaves, encore peu d'immigrants.	Rio de Janeiro, São Paulo.	Diversification de l'économie, emprunts à l'étranger; premières usines sidérurgiques, contestation et refus de nouveaux traités de commerce; libre navigation dans le bassin de la Plata; pression de l'Angleterre pour mettre fin à la traite d'esclaves, stagnation de l'économie sucrière; déficits commerciaux; premier tarif protectionniste.

1850 **1890**	Café, caoutchouc, élevage.	Sud, Sud-Est, Amazonie.	Colons européens, premiers ouvriers.	São Paulo, Rio de Janeiro.	Domination économique du café, boom temporaire du coton, début du boom du caoutchouc, développement de l'infra-structure (chemins de fer, télégraphes), investissements étrangers, forte immigration européenne; alternance de tarifs protectionnistes et libéraux; déclin de l'hégémonie économique britannique, diversification des partenaires et début de la présence nord-américaine; surplus commerciaux; activités industrielles dans plusieurs centres urbains.
1890 **1920**	Caoutchouc, café, coton, début de l'industrialisa-tion.	Amazonie, Sud-Est, Nord-Est.	*seringueiros* (extracteurs d'hévea), agriculteurs, ouvriers d'usine.	São Paulo, Manaus, Belém.	Boom du caoutchouc permet des gains aux propriétaires de *seringais*, marchands et importateurs étrangers (l'Amazonie s'internationalise, avant de tomber dans la décadence); l'impulsion d'industrialisation dans le Sud-Est attire des investissements étrangers dans les services et la manufacture; politique commerciale protectionniste; début de la "relation spéciale" avec les États-Unis et du déclin de la préeminence britannique; diplomatie du café et emprunts en vue de soutenir le produit.
1920 **1940**	Le café devient prédominant; industrialisation par à coups.	Sud-Est; croissance industrielle à São Paulo.	Travailleurs industriels de São Paulo; émergence de la bourgeoisie industrielle.	São Paulo en tant que centre industriel, Rio de Janeiro en tant que centre financier.	La diplomatie du café détermine l'essentiel de la politique étrangère; des emprunts externes en vue de stabiliser les cours du produit commencent à être faits avec des banques de New York; passage de l'hégémonie britannique à celle des EUA (augmentation des investissements directs de compagnies nord-américaines).
1940 **1964**	Industrialisation au centre des politiques économiques de l'État.	Sud-Est; efforts d'incorporation des régions les plus reculées à l'économie nationale.	Travailleurs industriels de São Paulo; expansion des zones de frontière agricole.	Grande concentration du développement dans le Sud.	Diplomatie du développement, avec promotion de l'industrialisation substitutive; politiques de contrôle de change et ouverture sélective envers le capital étranger (tentative de relation spéciale avec les États-Unis); promotion d'accords sur les produits de base et sur l'achat d'équipements étrangers.

1964 **1990**	Autonomie économique et technologique par l'autarcie.	Sud-Est (industries de seconde génération).	Ingénieurs, techniciens, hommes d'affaires.	Expansion des métropoles urbaines plus développées dans le Sud-Est.	Réinsertion, dans un premier temps, dans les courants dominants de l'économie capitaliste, puis continuité de la voie autonome en vue de l'indépendance technologique; efforts d'exportation et de diversification de l'économie; initiatives dans les domaines nucléaire et de technologies sensibles, avec l'apparition d'un conflit commercial avec le principal partenaire hémisphérique; grande expansion de la dette extérieure et des déséquilibres sectoriels et sociaux; modernisation économique sans progrès social.
1990 **2001**	Production diversifiée; exportations de *commodities*, mais structure industrielle avancée.	Le Sud-Est continue à concentrer la moitié du PIB national, mais la croissance se déplace vers l'Ouest.	Société industrielle et de services; la population dispose encore d'un faible niveau d'instruction.	Élargissement du marché au Mercosul.	Volonté d'insertion économique internationale; tentatives de stabilisation économique, avec succès et frustrations; augmentation considérable du PIB, mais la répartition du revenu demeure inégale. La reprise de la crise financière détermine un nouvel accord avec le FMI. Progrès dans le processus d'intégration régionale, mais faible coordination des politiques économiques entre les pays membres du Mercosul.

Source: Adapté à partir de Paulo Roberto de Almeida, *Formation de la diplomatie économique au Brésil: les relations économiques internationales pendant l'Empire* (en Portugais; São Paulo: Editora Senac, 2001).

Orientations de lecture

ABREU, Marcelo; VERNER, Dorte. *Croissance à long terme au Brésil, 1930-94* (Paris : Centre de Développement de l'OCDE, 1997)

ALENCASTRO, Luiz Felipe de. *Le commerce des vivants : traite d'esclaves et "pax lusitana" dans l'Atlantique Sud* (Thèse, Université de Paris-X, 1985-1986, 3 vol)

ALMEIDA, Paulo Roberto de. *Le Mercosud : un marché commun pour l'Amérique du Sud* (Paris : L'Harmattan, 2000)

ANTOINE, Charles. *Les Catholiques Brésiliens sous le Régime Militaire* (Paris : Éditions du Cerf, 1988)

ARGOD-DUTARD, F. *Histoire d'un Voyage en la Terre du Brésil de Jean De Lery* (Bordeaux : Presses Universitaires de Bordeaux, 2000)

BAILBY, Edouard, *Le Brésil, pays clef du tiers monde* (Paris : Calmann-Lévy, 1964)

BASTIDE, Roger. *Le Brésil, Terre des contrastes* (Paris : Hachette, 1953; nouv. éd. : Paris : L'Harmattan, 1999)

———. *Les Rèligions Africaines au Brésil : contribution à une sociologie des interpénétrations de civilisations* (Paris : PUF, 1995; 1ère éd. : 1960)

BENASSAR, Bartolomé; MARIN, Richard. *Histoire du Brésil, 1500-2000* (Paris : Fayard, 2000)

BERND, Zilá. *Littérature brésilienne et identité nationale* (Paris : L'Harmattan, 1995)

BERTRAND, Jean-Pierre et HILLCOAT, Guillermo. *Brésil et Argentine : la compétitivité agricole et agro-alimentaire en question : le cas des céréales et des oléo-protéagineux* (Paris : INRA, 2000)

BUARQUE de Holanda, Sergio. *Racines du Brésil* (Gallimard UNESCO, 1998; trad. fr. de *Raízes do Brasil :* 1ère éd. 1936)

BUFFET, J. *Industrialisation et développement au Brésil, 1500-2000* (Paris : L'Harmattan, 2000)

CARDOSO, F. H. et FALETTO, E. *Dépendance et développement en Amérique latine* (Paris : PUF, 1978; 1ère éd. en espagnol, 1969)

CARDOSO, Luiz Claudio; MARTINIÈRE, Guy (coords.), *France-Brésil : Vingt Ans de Coopération : Science et Technologie* (Grenoble : Presses Universitaires de Grenoble, 1989, Col. "Travaux et Mémoires" de l'Institut des Hautes Études de l'Amérique Latine)

CARELLI, Mario. *Brésil, épopée métisse* (Paris : Gallimard, 1987)

———. *Cultures croisées : histoire des échanges culturels entre la France et le Brésil, de la découverte aux temps modernes* (Paris : Nathan, 1993)

———, THÉRY, H. et ZANTMAN, A. *France-Brésil, bilan pour une relance* (Paris : Éditions Entente, 1987).

——— et NOGUEIRA, Walnice Galvão. *Le roman brésilien, une littérature anthropophage au 20ème siècle* (Paris : PUF 1995)

CENTRE de Recherches sur le Brésil Contemporain. *Cahiers du Brésil Contemporain* "Répertoire des Thèses sur le Brésil" (Paris : École des Hautes Études en Sciences Sociales/Maison des Sciences de l'Homme; numéros 2, 13-14 et 29-30; disponible à www.ehess.fr/crbc)

CROUZET, François; ROLLAND, Denis; BONNICHON, Philippe (dir.). *Pour l'Histoire du Brésil : mélanges offferts à K. de Queirós Mattoso* (Paris : L'Harmattan, 2000)

CUNHA, Euclides da. *Hautes terres* (Paris : Editions Métailié, 1993; Traduction de Jorge Coli)

DE GOBINEAU, Arthur; DE RAYMOND, Jean-François. *Arthur De Gobineau et le Brésil* (Grenoble : Presses Universitaires de Grenoble, 1990; correspondance diplomatique du ministre de France à Rio de Janeiro, 1869-1870)

DE LÉRY, Jean. *Voyage en terre de Brésil* (Paris : Hachette; 2000)

DEMANGEOT, J. *Le continent brésilien* (Paris : Sedes, 1972)

DENIS, Pierre. *Le Brésil au XXe Siècle* (Paris : Armand Colin, 1909)

D'EVREUX, Yves. *Voyage au Nord du Brésil, fait en 1613 et 1614* (Paris : Payot, 1985; prés. et notes d'Hélène Clastres)

DOMINGO, J., GAUTHIER, A. *Le Brésil, puissance et faiblesse d'un géant du Tiers-Monde* (Paris : Bréal, 1988)

DROULERS, Martine. *Brésil : une géohistoire* (Paris : PUF, 2001)

———. *L'Amazonie* (Paris : Nathan, 1995)

——— (org.). *Le Brésil à l'aube du troisième millénaire* (Paris : IHEAL, 1990)

DULLES, John W. F. *Vargas of Brazil : a political biography* (Austin : University of Texas Press, 1967)

———. *Unrest in Brazil : political-military crises, 1955-1964* (Austin : University of Texas Press, 1970)

ENDERS, Armelle. *Histoire du Brésil contemporain* (Bruxelles : Éd. Complexe, 1997)

EVREUX, Yves d'. *Voyage dans le nord du Brésil, fait en 1613 et 1614* (Paris : Payot, 1985; éd. orig. : 1616)

FAUST, Jean-Jacques. *Le Brésil : Chroniques d'une démocratisation* (Paris : L'Harmattan, 1998)

FERNANDEZ, Dominique. *L'or des tropiques : promenades dans le Portugal et le Brésil baroques* (Paris : Grasset, 1993)

FIECHTER, Georges-André. *Le Régime Modernisateur du Brésil, 1964-1972 : étude sur les interactions politico-économiques dans un régime militaire contemporain* (Genève : Institut Universitaire des Hautes Études Internationales, 1972)

FREYRE, Gilberto. *Maîtres et esclaves* (Paris : Gallimard, 1952; éd. orig. : 1933)

———. *Terres du sucre* (Paris : Gallimard, 1956; éd. orig. : 1937; nouv. éd. : Paris : Quai Voltaire, 1992)

FURTADO, Celso. *La formation économique du Brésil, de l'époque coloniale aux temps modernes* (Paris : Mouton, 1972; nouv. éd. : Paris : Publisud, 1998)

HERODOTE, Revue de géographie et de géopolitique. (Paris : La Découverte, n° 98, 3ème trim. 2000, "Nation Brésil")

HERSANT LEONI, Brigitte. *Fernando Henrique Cardoso : Le Brésil du possible* (Paris : L'Harmattan, 1997)

HISTORIENS et Géographes. n° 372, octobre 2000, spécial "Géographie de l'Amérique latine" (Paris : APHG)

HOLANDA, Sergio Buarque de. *Racines du Brésil* (Paris : Gallimard, 1998; 1ère éd. brésilienne : 1936)

Le LANNOU, Maurice. *Le Brésil* (Paris : Armand Colin, 1955)

LÉRY, Jean de. *Histoire d'un voyage faict en la terre du Brésil* (Paris : Le Livre de poche, 1994; éd. orig. : 1578)

LESTRINGANT, Frank. *Jean de Léry ou l'invention du Sauvage. Essai sur l'"Histoire d'un voyage faict en la terre du Brésil"* (Paris : Honoré Champion, 1999)

——— et GOMEZ-GÉRAUD, Marie-Christine. *D'encre de Brésil : Jean de Léry, écrivain* (Paris : Paradigme, 2000)

LÉVI-STRAUSS, Claude. *Tristes tropiques.* (Paris : Plon, 1955)

L'HISTOIRE Quantitative du Brésil de 1800 à 1930 (Paris : CNRS, 1973)

MAESTRI, Mario. *L'esclavage au Brésil* (Paris : Karthala, 1991)

MARTIN, Jean-Marie. *Processus d'industrialisation et développement énergétique au Brésil* (Paris : IHEAL, 1966)

MARTINS, Luciano. *Pouvoir et développement économique, formation et évolution des structures politiques au Brésil* (Paris : Anthropos, 1976)

MATTOSO, Katia M. de Queirós. *Etre esclave au Brésil, XVIe-XIXe siècles* (Paris : Hachette, 1979; 2ème éd. : L'Harmattan, 1994)

———. *Au Nouveau Monde : une province d'un nouvel Empire : Bahia au XIXe siècle* (Paris : Université de Paris IV, Thèse de doctorat d'Etat; dir. François Crouzet, 1986)

———. *Esclavages : histoire d'une diversité de l'Océan indien à l'Atlantique sud* (Paris : L'Harmattan, 1997)

——— (éd.). *Mémoires et identités au Brésil* (Paris : L'Harmattan, 1996)

———; MUZART-Fonseca Dos Santos. I.; ROLLAND, Denis (éds.). *Naissance du Brésil Moderne, 1500-1808* (Paris : Centres d'Études sur le Brésil, Presses de l'Université de Paris-Sorbonne; 1998)

———; ———; ———; (éds.). *Le Brésil, l'Europe et les équilibres internationaux XVIe-XXe siècles* (Paris : Centres d'Études sur le Brésil, Presses de l'Université de Paris-Sorbonne, 1999)

MAURO, Frédéric. *Histoire du Brésil* (Paris : Éd. Chandeigne, 1994)

———. *Le Brésil, du XV° siècle à la fin du XVIII° siècle* (Paris : SEDES, 1977; 2ème éd. : 1997)

———. *La Vie quotidienne au Brésil au temps de Pedro Segundo, 1831-1889* (Paris : Hachette, 1978)

———. *L'Histoire du Brésil* (Paris : PUF, 1973, Que Sais-Je?)

——— (dir.). *La Préindustrialisation du Brésil : essais sur une économie en transition, 1830/50-1930/50* (Paris : Editions du Centre national de la recherche scientifique, 1984)

——— et SOUZA, Maria de. *Le Brésil du XVe à la fin du XVIIIe siècle* (Paris : Sedes, 1997)

MEDEIROS, Marcelo de A. *La genèse du Mercosud : dynamisme interne, influence de l'Union Européenne et insertion internationale* (Paris : L'Harmattan, 2000)

MICELI, Sergio. *Les Intellectuels et le pouvoir au Brésil, 1920-1945* (Paris : Maison des Sciences de l'Homme, 1981)

MONBEIG, Pierre. *Pionniers et Planteurs de São Paulo* (Paris : Armand Colin, 1952)

———. *Le Brésil* (Paris : PUF, 1958, Collection Que Sais-Je?)

MOOG, Viana. *Défricheurs et pionniers* (Paris : Gallimard, 1963; éd. orig. : 1954)

MORAZÉ, Charles. *Les Trois Âges du Brésil : essai de politique* (Paris : Armand Colin, 1953)

MOREIRA ALVES, Marcio. *L'Église et la Politique au Brésil* (Paris : Les Éditions du Cerf, 1974)

MURILO de Carvalho, José. *Un théâtre d'ombres, la politique impériale au Brésil (1822-1889)* (Paris : Ed. Maison des Sciences de l'Homme, 1990)

MUZART-Fonseca Dos Santos. I. *Littérature de cordel au Brésil* (Paris : L'Harmattan, 1997)

PARVAUX, Solange; REVEL-MOUROZ. Jean (coords.). *Images Réciproques du Brésil et de la France* (Paris : IHEAL, 1991; Col. "Travaux et Mémoires" de l' IHEAL)

PÉBAYLE, Raymond. *Les Brésiliens, pionniers et bâtisseurs* (Paris : Flammarion, 1987)

PÉCAUT, Daniel. *Entre le Peuple et la Nation : les intellectuels et la politique au Brésil* (Paris : Maison des Sciences de l'Homme, 1989)

PIANZOLA, Maurice. *Des Français à la conquête du Brésil (XVIIè siècle) : Les perroquets jaunes* (Paris : L'Harmattan, 1991)

PIRES-SABOIA, A. (org.). "Catalogue général des thèses soutenues en France sur le Brésil (1823-1999)", *Cahiers du Brésil Contemporain* (Paris : Centre de Recherches sur le Brésil Contemporain, Maison des Sciences de l'Homme, Institut des Hautes Études d'Amérique Latine, n° hors série, 2000)

POTELET, Janine. *Le Brésil vu par les voyageurs et les marins français : 1816-1840* (Paris : L'Harmattan, 1993)

PROBLÈMES d'Amérique Latine. "Spécial Brésil" (Paris : La Documentation Française, n° 9, nouvelle série, avril-juin 1993)

———. "La crise financière brésilienne et son impact sur les économies sud-américaines" (n° 33, avril-juin 1999)

ROCHE, Jean. *La colonisation allemande et le Rio Grande do Sul* (Paris : IHEAL, 1959)

ROLLAND, Denis (éd.). *Le Brésil et le monde : pour une histoire des relations internationales des puissances émergentes* (Paris : L'Harmattan, 1998)

———. *Louis Jouvet et le théâtre de l'Athénée : Promeneurs de rêves en guerre de la France au Brésil* (Paris : L'Harmattan, 2000)

ROUQUIÉ, Alain (éd.). *Les Partis militaires au Brésil* (Paris : Presses de Sciences Po, 1980)

SACHS, Ignacy. *L'écodéveloppement : stratégies pour le XXIe siècle* (Paris : Syros-Alternatives économiques, 1997)

———. (éd.). *Les Cahiers du Brésil Contemporain* (Paris : Maison des Sciences de l'Homme, semestriel)

SCHOOYANS, Michel. *Destin du Brésil : la technocratie militaire et son idéologie* (Gembloux : Duculot, 1973)

SILVA SEITENFUS, Ricardo A. *Le Brésil de Getulio Vargas et la formation des blocs : 1930-1942; le processus d'engagement brésilien dans la Seconde Guerre Mondiale* (Genève : Thèse de sciences politiques, 1981)

SKIDMORE, Thomas E. *Politics in Brazil, 1930-1964 : an experiment in democracy* (New York : Oxford University Press, 1967)

———. *The Politics of Military Rule in Brazil, 1964-1985* (New York : Oxford University Press, 1988)

SOUBLIN, Jean. *Histoire de l'Amazonie* (Paris : Payot, 2000)

———. *Je suis l'empereur du Brésil* (Paris : Seuil, 1996)

TAIEB, Eric et BARROS, Octavio. *Économie et société brésiliennes, croissance ou développement?* (Paris : Nathan, 1989)

THÉVET, André,. *Les singularités de la France Antarctique, le Brésil des Cannibales au 16ème siècle* (Paris : La Découverte, 1983; éd. orig. : 1558)

THÉRY, Hervé. *Le Brésil* (Paris : Armand Colin, 2000; 1ère éd. : 1985)

———. *Pouvoir et territoire au Brésil, de l'archipel au continent* (Paris : Maison des Sciences de l'Homme, 1996)

——— et MAURENCE, Pascale. *Environnement et développement en Amazonie brésilienne* (Paris : Belin, 1996)

TRINDADE, Helgio. *La Tentation fasciste au Brésil des années 30* (Paris : Maison des Sciences de l'Homme, 1988)

Ressources sur Internet :

Ambassade du Brésil à Paris :
www.bresil.org

Ambassade de France, services d'expansion économique :
http ://www.dree.org/bresil/

Bibliothèque de l'Ambassade du Brésil (recherches) :
www.bresil.org/db/RECHERCH.ASP

Centre International d'Amitié Franco-Brésilien :
www.ciafb.com

Centre de Recherches sur le Brésil Contemporain :
www.ehess.fr/crbc

Institut des Hautes Études de l'Amérique Latine :
www.iheal.univ-paris3.fr

Chambre de commerce France-Brésil :
www.ccfb.com.br

Guide de recherches de l'Université du Texas (en anglais) :
http ://lanic.utexas.edu/la/brazil/

Liste des oeuvres d'écrivains brésiliens traduites en français :
www.bresil.org/chapitre12/chap1216.htm

Liste des thèses sur le Brésil écrites en français :
www.bresil.org/chapitre12/chap121.htm

Ambassade du Brésil à Washington (documents en anglais) :
www.brasilemb.org
Ambassade du Brésil à Londres (documents en anglais) :
www.brazil.org.uk
Association de Chercheurs et Étudiants Brésiliens en France, APEB (en portugais) :
http ://www.iheal.univ-paris3.fr/apeb/
Casa França-Brasil à Rio de Janeiro (en portugais) :
http ://www.fcfb.rj.gov.br/index.htm
Ministère des Relations Extérieures du Brésil :
www.mre.gov.br/

Guide de sites francophones sur le Brésil :
www.bresilpassion.com/index.php
Livres en français sur le Brésil :
http ://www.alapage.com/
Brésil 2000 :
http ://intermega.globo.com/brasil2000/plonof.htm
Association Jangada (culture brésilienne en France) :
http ://www.jangada.org/france/home.htm
Instruments de recherche présentant des informations sur le Brésil :
www.voila.fr
www.yahoo.fr

Site de l'Auteur :
www.pralmeida.org

TABLE

Avant-propos 7

Première Partie
Brésil: Cinq Siècles d'Histoire

Katia de Queirós Mattoso, Antonio F. G. de Freitas

1. 1500-1822: le Brésil, colonie portugaise 11
2. 1822: l'indépendance brésilienne: un nouvel empire 19
3. 1889: l'installation de la République 26
4. 1889-1930: la Vieille République 29
5. 1930-1945: le "gétulisme" 34
6. 1946-1964: les tentatives de démocratisation 38
7. 1964-1984: le pouvoir militaire: du miracle économique à la récession 41

Deuxième Partie
Le Brésil de 1985 à 2001:
Consolidation démocratique et stabilisation économique

Paulo Roberto de Almeida

8. Bilan d'une époque: les dernières années du siècle 47
9. La transition au régime civil: alliances et compromis 51
10. Tentatives de stabilisation économique et nouvelle Constitution 56
11. Une politique extérieure faite de continuité et de changements 60
12. Les premières élections directes en 30 ans: ascension et chute d'un président 63
13. La démocratie en marche et le défi de la stabilisation économique 73
14. Les deux administrations Fernando Henrique Cardoso: changement de paradigme 86
15. L'insertion internationale du Brésil: Mercosul et projets régionaux 101
16. La question sociale au Brésil au début du XXIe siècle 106

Liste des tableaux:

Indicateurs économiques pour la période militaire, 1970-1984 51
Indicateurs économiques des années 1970 et 1980 54
Indicateurs économiques, présidence Sarney: 1985-1989 58
Fragmentation des partis brésiliens, 1986-2001 64
Indicateurs économiques, présids. Collor-Franco: 1990-1994 74
Evolution du nombre d'électeurs brésiliens, 1933-2000 78
Indicateurs économiques de la présidence FHC: 1995-2002 91
Indicateurs sociaux brésiliens, 1990-2000 108

Chronologie de l'histoire du Brésil, 1494-2005 111
Relations économiques internationales du Brésil, 1500-2001 129
Orientations de lecture 133

621508 - Septembre 2015
Achevé d'imprimer par